慶應義塾大学産業研究所叢書

日本的雇用慣行は変化しているのか

本社人事部の役割

Japanese Employment Systems in Transition:
HR-Line Work Relations

一守 靖
Yasushi Ichimori

慶應義塾大学出版会

慶應義塾大学産業研究所について

慶應義塾大学産業研究所は,慶應義塾創立100年記念の一環として1959年9月に同大学付属研究所として設立された。本研究所は経済・社会に関する基礎的研究を行い我が国の経済と産業の発展に寄与することを目的としている。この目的のため,本研究所の専任研究員,塾内各学部・研究機関からの兼担研究員,国内や諸外国からの訪問研究者が集まり,多数の研究プロジェクトを単位として各種の共同研究を活発に行っている。これらのプロジェクトは法律,行動科学,経済の三部門に分類されるが,共通の特徴として①実証を重要視し,②学際的であり,③国際的であることが挙げられる。この慶應義塾大学産業研究所叢書は各プロジェクトの研究成果を世に問うために逐次刊行される。

Keio Economic Observatory (*KEO*) was established in 1959 for the purpose of conducting theoretical and empirical research on economic and industrial studies in the context of the existing economic conditions of Japan. The institute consisted of the three sections: Economics, Law, and Behavioral Science. The principal task of the institute is to undertake research activities, both of an academic nature and a practical nature, which would increase knowledge about reality and support the enhancement of social science theories.

はしがき

　筆者がアカデミックな世界に触れたのは，慶應義塾大学大学院の修士課程（慶應ビジネススクール）で学んでいたときに，指導教授であった髙木晴夫先生と共著で論文を執筆し，産業・組織心理学会での発表機会を得たことが最初であった。そのときは，社会人生活に戻る前の良き思い出ができた程度に考えていたのだが，ビジネスの世界に戻った後も，共著の出版機会をいただいたり，当時の勤務先があった富山県で地元有力企業の人事担当者や大学の先生方とともに勉強会ネットワークを立ち上げるなど，細々とではあるがアカデミックな世界とのつながりを維持してきた。

　その後，日系企業から外資系企業に転職をしたことにより，それまでとはまた違った運命が動き出した。当時転職したアメリカ系企業での，筆者の入社当初の担当は福利厚生制度（Benefit）であった。入社初日に，自分の上司から人事部内の各組織を案内され，「彼は報酬制度（Compensation）担当」，「彼女はスタッフィング（Staffing）担当」，「彼はビジネス人事（Business Partner）」，「彼女は人事業務（HR Operation）担当」などとひと通り紹介されたが，日系企業の人事部の組織ではあまり見られない役割分担だなと思ったのが第一印象であった。

　最初に関わった仕事は，同業他社がどのような人的資源管理制度を導入しているかの調査であった。主に外資系企業を対象に行ったこの調査を通して，外資系企業の人的資源管理制度や人事部の組織は日本企業とは少し異なるが，外資系企業同士では類似していることが強く印象に残った。

　同じ頃，日本企業の間で成果主義人事制度の導入が検討されるようになり，人事部改革論が議論されるようになっていた。そしてそれは，それまでの日本的雇用慣行に大きなインパクトを与える可能性のある議論であった。

（ごく小規模ではあったが）日本企業の人事部で日本企業における標準的な職能資格制度の運用に携わり，アメリカ企業の人事部でアメリカ企業における標準的な職務等級制度の運用に携わってきた経験から，その違いやそれぞれの利点・欠点は実感として持っていたが，そもそもなぜそれぞれが選択されているのか，今後も両者は併存するのか，あるいはどちらかに収斂するのか，等に関して疑問を抱くようになってきた。

　そんなとき，慶應義塾大学大学院の博士課程（商学研究科）で八代充史教授のご指導のもと，人事部の機能に関する研究に着手する機会に恵まれた。慶應義塾大学の経営管理研究科修士課程（ビジネススクール）が経営人材の養成を主目的とするのに対し，商学研究科博士課程は研究者の養成を主目的としているため，ここではアカデミックの世界を一から学ばせていただいた。とはいえ，八代先生は企業の人的資源管理を実証的に研究されており，実際の経営に役立つ経営学の研究をされていたことから，企業人と研究者の2足のわらじを志向する筆者にとって最適な環境であった。

　髙木先生，八代先生をはじめ諸先生方の学術論文を拝見するたびに，その学術性の高さにとても及ばない自らの研究能力を再確認することになるが，同時に，自分が研究を通して唯一社会に対して貢献できるならば，それは経営の現場での経験と理論的研究を融合し，経営の実際に役立つ研究をすることであるという思いも再確認したのである。

　本書は，日本的雇用慣行の変化が様々な角度で論じられるなか，日本的雇用慣行の象徴ともいえる本社人事部の機能からそれを考察したものである。企業における人的資源管理は，人事部と組織の長（ライン）の協働作業であるから，その両者がどのような思惑で人的資源管理を行うかという視点を中心に置いた。一般に経営資源としてあげられる人，物，金，情報のうち，人だけが心を持った存在である。したがって本書では，市場メカニズムとの関わりにおける企業組織の理論だけでなく，人間との関わりにおける企業組織も考慮に入れた企業組織の理論である，ウィリアムソン（Williamson, O. E.）が展開した「取引コスト理論」を分析の理論的フレームワークとして用いた。

　神戸大学大学院の平野光俊先生の著書の中に「人事は流行に従う」という

言葉が載っているが，人事部の機能に関しても欧米のコンサルタント等を中心に様々な考えが提案されていることから考えると「人事部の機能も流行に従う」になりかねない。

　本書により，人事部の機能と人的資源管理諸制度との関係性が理論的に整理できていれば，さらにより大きな視点として，人事部の機能から日本的雇用慣行の現在とこれからが整理できていれば誠に幸いである。

　本書は，学術書として執筆したものであるので，第一に想定する読者は研究者の方々ではあるが，必ずしもその方々だけに限定はしていない。

　まず，人事部門の担当者があげられる。企業において自らが人事権を行使し，人的資源管理の運用主体になっている方々がその意義を再認識し，今後の人的資源管理の運用に少しでも役立てていただければと考えている。

　次に，企業組織の現場で部下を持ち日々の業務活動にあたっているマネージャー，すなわちラインの方々である。彼ら彼女らは，担当する業務目標の達成にあたっていると同時に，その部署の人的資源を管理する責任者でもある。

　同時に，学校を卒業して企業に就職しようとしている方々，すでに組織の一員として働いている人々も読者の対象である。企業で自分はどのように扱われるのか，人事異動や昇給，昇格はどのように決まるのか。組織の一員として知っておきたいことが本書には紹介されている。

　筆者の能力不足ゆえに，本書ではまだ議論が不十分な点も多かろうと思う。大方のご批判・ご叱正を仰ぎ，今後の研究につなげていきたい。

2016年2月

一守　靖

目　次

はしがき ……………………………………………………………………… i

第 1 章　本書の背景と目的 ……………………………………………… 1
1　本書の背景と問題意識　1
　1.1　問題意識と着眼点　1
　1.2　日本的雇用慣行　4
　1.3　日本的雇用慣行における人事部　7
　1.4　雇用慣行と人的資源管理制度およびその運用主体　9
2　本書の目的と具体的課題　11
3　本書の構成　13

第 2 章　関連する先行研究のレビュー ………………………………… 15
1　日本的雇用慣行に関する先行研究　15
　1.1　採用慣行の変化　16
　1.2　評価制度・賃金制度の変化　16
　1.3　日本的雇用慣行全体の変化　18
2　人事部の組織化と役割に関する先行研究　20
　2.1　人事部の誕生　20
　2.2　人事部の役割　23
　2.3　人事部の組織化原理　24
3　人事部とラインの「管轄争い」に関する先行研究　25
　3.1　日本企業における人事部とラインの「管轄争い」　25
　3.2　欧米企業における人事部とラインの「管轄争い」　27
4　先行研究のまとめ　30

第 3 章　理論的フレームワークと調査方法 …………………………… 35
1　本書の理論的枠組み　35
2　人事部とラインの「管轄争い」に関する作業仮説の構築　38
　2.1　作業仮説構築にあたっての考え方　39
　2.2　日本的雇用慣行の中心的制度と周辺的制度の補完関係　39
　2.3　取引コストを節約するための人事部・ラインの分担　43
　　（1）採用　43
　　（2）人事異動　44
　　（3）評価（人事考課・昇給・昇格）　45
3　人事部とラインの「管轄争い」に関する作業仮説　46
　3.1　作業仮説　46
　3.2　人事部の特徴　47
　3.3　作業仮説と雇用慣行との関係　50
4　調査方法　52

第 4 章　第 1 回事例調査（2006 年～ 2008 年）
　　　　　――人的資源管理における人事部とラインそれぞれの「管轄」
　　　　　　　　　　　　　　　　　　　　　　　　………………………… 55
1　事例調査の目的　55
2　事例調査対象企業の選定　55
3　調査企業の概要　57
4　調査内容と方法　68
5　事例調査の結果　71
　5.1　社員格付け制度　71
　5.2　採用　78
　5.3　人事異動　82
　5.4　評価（人事考課・昇給・昇格）　87
　　（1）人事考課　87
　　（2）昇給　92
　　（3）昇格　93

6　事例調査のまとめ　97
　　6．1　社員格付け制度　97
　　6．2　採用　97
　　6．3　人事異動　98
　　6．4　評価（人事考課・昇給・昇格）　98
　　6．5　人事部は変化しているのか　99
　　6．6　事例対象企業の人的資源管理の特徴　102
　　6．7　事例対象企業の人事部の特徴　103

第5章　郵送質問紙調査（2008年〜2009年）
　　　　——データで見る人事部とラインの「管轄」……………… 105
　1　郵送質問紙調査の目的　105
　2　質問調査票の設計　106
　3　第1回郵送質問紙調査
　　　——人事部は自らの「管轄」をどう見ているのか　108
　　3．1　調査対象の検討　108
　　3．2　配布と回収　109
　　3．3　回答企業の構成　109
　　3．4　調査結果の概要（単純集計）　111
　　3．5　人的資源管理の実施主体　116
　　3．6　人的資源管理の運用実態とその実施主体との関係　116
　4　第2回郵送質問紙調査
　　　——ラインは自らの「管轄」をどう見ているのか　121
　　4．1　第2回調査の目的　121
　　4．2　調査対象　121
　　4．3　配布と回収　121
　　4．4　回答企業および回答者の構成　121
　　4．5　第1回調査結果との比較　125
　5　郵送質問紙調査のまとめ　127

第6章　第2回事例調査（2014年）
　　　——残された疑問の解明 …………………………………… 129
　1　第2回事例調査の目的と対象　129
　2　第2回事例調査の結果　130
　　2．1　米系医薬 MS　130
　　　　（1）社員格付け等級制度　130
　　　　（2）採用　130
　　　　（3）人事異動　131
　　　　（4）人事情報の収集　131
　　　　（5）評価（人事考課・昇給・昇格）　131
　　2．2　日系電機 N　132
　　　　（1）人事異動　132
　　　　（2）人事情報の収集　134
　　　　（3）人事部の役割　134
　3　第2回事例調査のまとめ　135
　　3．1　採用　135
　　3．2　人事異動　135
　　3．3　評価（人事考課・昇給・昇格）　136
　　3．4　事例対象企業の人事部の特徴　137

第7章　本書のまとめ ……………………………………………… 139
　1　研究結果の要約　139
　2　日本的雇用慣行は変化しているのか　145

第8章　今後の方向性と課題 ……………………………………… 147
　1　日本的雇用慣行の方向性　147
　　1．1　採用慣行の動向　148
　　1．2　社員格付け制度・賃金制度の動向　151
　　1．3　日本的雇用慣行の方向性　153
　　　　（1）ワークライフバランス　154

（2）非正規雇用　　155
　　　（3）女性の活用促進　　160
　1.4　今後の日本的雇用慣行を支える取り組み　　164
　　　（1）社内公募制　　165
　　　（2）タレントマネジメント　　165
　1.5　人事部の方向性　　171
　2　今後の課題　　176

付属資料1　第1回質問調査票 …………………………………………… 179
付属資料2　第2回質問調査票 …………………………………………… 188

あとがき ……………………………………………………………………… 195
参考文献 ……………………………………………………………………… 201
索　引 ………………………………………………………………………… 211

図表一覧

第1章
図1-1　雇用慣行と人事部集権・ライン分権の関係　　10

第2章
表2-1　人事部の業務内容　　23

第3章
図3-1　日本的雇用慣行の中心的制度と周辺的制度の補完関係　　42
図3-2　象限ごとの人事部の特徴　　48

第4章
図4-1　日系電機Mの社員格付け体系　　72
図4-2　日系電機Nの役割グレード　　73
図4-3　日系流通Iの社員格付け体系　　74
図4-4　日系流通I　役割の大きさの評価軸　　75
図4-5　日系医薬Sの社員格付け体系　　76
図4-6　日系医薬S　職務の価値の評価軸　　76
図4-7　米系電機Bの社員格付け体系　　77
図4-8　米系電機Hの社員格付け体系　　77
図4-9　事例調査のまとめ（概念図）　　102
図4-10　事例対象企業の人事部の特徴　　103
表4-1　聞き取り調査のプロトコル表　　69
表4-2　調査時期と対象者　　70
表4-3　企業ごとの状況　　100

第5章
表5-1　質問調査項目における説明変数と被説明変数の関係　　107
表5-2　従業員数階級別企業の割合　　109

表 5–3　業種別企業の割合　　110
表 5–4　資本関係　　110
表 5–5　組織形態　　111
表 5–6　人事賃金制度の導入状況や，人的資源管理の実態について　　112
表 5–7　人的資源管理の実施主体の割合（業種別）　　117
表 5–8　人的資源管理の実施主体の割合（従業員規模別）　　117
表 5–9　人的資源管理の実施担当　　118
表 5–10　人的資源管理の運用方法とその実施主体との関係　　119
表 5–11　従業員の日頃の職務遂行状況や適性に関する情報の収集方法　　120
表 5–12　従業員の日頃の職務遂行状況や適性に関する情報を収集していない理由　　120
表 5–13　従業員数階級別企業の割合　　122
表 5–14　業種別企業の割合　　122
表 5–15　資本関係　　123
表 5–16　組織形態　　124
表 5–17　1 社あたりの回答者数　　124
表 5–18　回答者の所属部門　　124
表 5–19　人的資源管理の運用方法とその実施主体との関係　　126

第 6 章
図 6–1　人事部の特徴の変化（米系医薬 MS）　　137
図 6–2　人事部の特徴の変化（日系電機 N）　　138

第 8 章
図 8–1　タレントマネジメント・マトリックス（例）　　168
図 8–2　象限ごとの人事部の特徴　　177

第 1 章

本書の背景と目的

1 本書の背景と問題意識

1.1 問題意識と着眼点

久本 (2008) は，日本的雇用慣行[1]を「高度経済成長期に形成され，多くの中核企業に特徴的な雇用システム」と定義し，企業内の正規従業員の雇用管理分析の観点から「戦後復興期」(1945 年～ 1960 年),「高度経済成長期」(1960 年～ 1974 年),「安定成長期」(1975 年～ 1996 年),「平成雇用不況期」(1997 年～) に分け，戦後復興期に前提条件が揃い，高度経済成長期に原型が形成され，安定成長期に全面的な展開を遂げ，平成雇用不況期に"混乱期"に入ったとした。"混乱期"のキーワードは，長期安定雇用の動揺，成果主義化，非正規の従業員の活用であり，日本的雇用慣行が変容を遂げ新たな方向に向かう兆しであると捉えることができる。

他方，労働政策研究・研修機構 (2011) は，たび重なる経済収縮のインパクトを経てもなお，日本の経営者は正規従業員の長期安定雇用に対して高いメリットを見出しているという調査結果を報告している。

---

[1] 久本 (2008) は，「日本的雇用システム」という名称を用いている。本書で使用している「日本的雇用慣行」はこれと同義で用いている。また，久本も指摘しているように，「日本的」という言葉は曖昧であり学問的な用語として決して優れたものではないかも知れないが，「日本的雇用システム」,「日本的雇用慣行」ともども従来からこの用語で論じられてきているため，本書でもそれを用いたものである。

すなわち，いわゆる「日本的雇用慣行」は変化しているようにも，そうでないようにも見えるのである。

本書の第1の目的は，日本的雇用慣行についての議論を再度整理し，そのうえで日本的雇用慣行は総体的に見て変化しているといえるのか否かについて検討することである。

それでは，この現象を調べるためにはどのようなアプローチが可能であろうか。

労働政策研究・研修機構（2011）が指摘したように，これまで日本的雇用慣行に関する研究は，雇用慣行を，それを構成する人的資源管理諸制度に分解し[2]，人的資源管理の制度ごとに日本的特質を検討するアプローチが多かった。そのため人的資源管理諸制度間の相互関係に目が向きにくく，また，社員格付け制度や賃金制度のような特に人的資源管理諸制度の中で核となる制度に変化が見られると，それがすなわち日本的雇用慣行の変化であると捉えられる傾向にあった。この代表的な例が，1990年代終盤から大企業を中心として導入された，成果主義人事制度であろう。当時は，欧米企業において特徴的な社員格付け制度や賃金制度の導入によって，長期雇用を中心としたこれまでの日本的雇用慣行に変化が生じるのではないかと考える向きが少なくなかった。しかしながら，たとえば宮本（2011）[3]に見られるように，実態としては依然として長期雇用を維持している企業が多数を占めており，長期雇用という意味での日本的雇用慣行は，当時予想されたような変化には至っていない。そこで提案されたのが，日本的雇用慣行の雇用ルール体系のもとで働く従業員や，雇用ルール設計と運用に関わる人事部や労働組合の側から日本的雇用慣行を分析する，というユニークなアプローチである。この

---

[2] 雇用慣行は，相互補完関係にある中心的な制度とそれを取り巻く周辺的制度から成り立っているものである。ここではその周辺的制度を，人的資源管理制度と呼ぶ。具体的な例をあげれば，中心的な制度として長期雇用，幅広いローテーション，内部人材育成などがあげられ，周辺的制度としては，新規学卒者一括採用，職能資格制度などがある。

[3] 宮本（2011）の調査によれば，調査時点で調査対象企業の70％が長期雇用を維持している。この数字が高いかどうかは議論があるだろうが，1990年終盤に一部で議論されたような，日本的雇用慣行の大きな特徴の1つである長期雇用が崩壊するという状況に至っていないというのが一般的な感覚であろう。

アプローチでは，日本的雇用慣行を構成する人的資源管理諸制度の補完性[4]への理解が深まり，したがって，個々の人的資源管理制度の変化にとらわれることなく，それを「束として」考察できる点に特徴がある。人的資源管理諸制度の束が日本的雇用慣行という概念を形成することを考えれば，このアプローチは本書の分析としても適切であると考える。

本書は，前述した疑問とアプローチをベースに，日本でオペレーションを行っている日系および外資系の大企業において人事部とラインがどのように人的資源管理を分担しているかに関して，理論分析ならびに実証分析を通して考察することにより，日本的雇用慣行の変化について考察するものである。

最初に，本書の核となる「人事部」と「ライン」について用語の定義を行う。

一般に「人事部」というと，本社人事部のほか，部門や工場の人事部，経営企画部門の中の人事担当グループなど多様な組織形態が存在するが，分析の視点を揃えるために，本書では特に断りない場合は本社人事部を指す。藤本（1999）が述べている通り，本社人事部の役割は企業としての組織全体を維持・発展させるための中長期的な統合的人的資源管理であり，一方，部門や工場の人事部の役割は職場の日常業務や事業計画に密接する短中期的な人的資源管理であるため両者間に利害の不一致が生じる可能性もあるが，同時に藤本が述べているように，人的資源管理は次に述べるラインとともに，本社人事部と部門人事部によるコラボレーションが必要であり，その統合的な中枢機能は本社人事部が担うことになるといわれているため，人事部門内部の利害関係の調整に関しては今回取り上げず，本社人事部に対象を限定した。

本書における「人的資源管理」とは，採用から配置・異動を経て退職に至る一連の管理に賃金，労働時間，教育訓練，福利厚生，人間関係，労使関係，人事・組織制度やトップマネジメントの関与を含めた，企業の従業員に対する管理活動の最も包括的な概念として用いている。また本書でいう「ライ

---

4) 本書でいう「補完性」とは，平野（2006）で述べられている「複数の制度（もしくはアクティビティ）の間にあって，互いが一方に存在することにより，他方を導入することから得られる追加的便益が高まるという関係」と同義で用いている。

ン」とは，企業組織の長（いわゆる「部下を持つ管理職」）を指す。

1.2　日本的雇用慣行

　日本的雇用慣行については，これまで様々な角度から分析がなされている。
　たとえばアベグレン（Abegglen 1958）は，日本企業の実態調査を通して，日本の雇用制度の特徴は新規学卒者一括採用，終身雇用，年功賃金，企業別労働組合にあり，特に終身雇用についてその基盤にあるのは日本の家族制度であることを主張した。佐藤・佐藤（2004）は，2002年時点で就業者の85％を雇用者が占めていることから日本を「雇用社会」，さらにはその中で雇用の場を提供する企業が大きなプレゼンスを持つことから「企業社会」と特徴づけ，日本の産業社会を支える企業，企業活動を支える労働者，労働者の生活や自己実現を支える企業の関係を日本的雇用慣行の観点から分析している。そしてここでも，長期安定雇用，「広い」異動と年次管理を通した「遅い」昇進による長期の人材育成が日本的雇用慣行の特徴として紹介されている。
　経済学の分野では，たとえば樋口（2001）は，一国の雇用慣行がその国の文化を強く反映したものであることは認めつつも，時代の要請に応じて人的資源管理諸施策が経済合理性のもとに選択されてきた結果として日本的雇用慣行が形成されてきたことを示している。八代（尚）（1997）も同様に，日本的雇用慣行を，労働者の技能形成のカギを握る企業内訓練を効率的に行うための，きわめて経済合理的なシステムとして評価している。特にその長期雇用慣行については，日本企業における常用雇用者は容易に他企業の雇用者や資本と代替可能な生産要素ではなく，企業内における長期にわたる教育訓練によって形成された人的資本であるため，長期的に保有しながら次世代へ技術移転することが企業の経済合理性につながると主張した。
　法学の分野では，日本の整理解雇，特に解雇権濫用法理の観点から日本的雇用慣行を分析した研究がある。たとえば中馬（1998）は，企業とその従業員が長期的雇用関係にあり，当該企業に特有の，いわゆる企業特殊技能の習得に従業員が投資するのは整理解雇に関する規制があるからであり，もしも

それがなかったら，従業員は企業特殊技能に対して過小な訓練投資しかしなくなるので，日本的雇用慣行の特徴の1つである長期雇用という枠組みにおいて解雇権濫用法理が経済学的に正当化できることを明らかにした。また，大竹・藤川（2001）は，整理解雇が成文法ではなく解雇権濫用法理という判例法によって事実上の規制が行われてきたことは，企業の雇用慣行の変化に従って柔軟に判断基準を変化できるという意味で経済合理性にかなっている側面が多いということを，整理解雇労働者の特性を計量的に分析することによって確認した。

経営学の分野においても，数多くの研究がなされてきた。山田（1980）や占部（1978）は，それまでとかく日本の文化的特殊性から論じられる傾向にあった日本的雇用慣行に関し，それは日本民族の特異性によるものではなく，合理的な経済システムであることを主張した。具体的には，日本的雇用慣行は終身雇用を前提としているため，労働者各自の貢献を長期的に評価し，誘因と貢献に対して長期的なバランスをとっており，年功に基づく昇進や年功賃金はその基盤の上に築かれ成り立っているものとした。Ouchi（1981）は，日本企業の組織や行動をアメリカ企業のそれと比較し，日本企業の長所が終身雇用，遅い昇進，非直線的な昇進コース，集団による意思決定などにあるとし，これを「Zタイプ組織」と名づけ，その根底には信頼感，気配り，親密さといった日本の社会的価値観があるとした。

また小池（1994）は，内部労働市場および長期の競争モデルという概念から日本的雇用慣行を説明した。小池によれば，日本的雇用慣行の特徴である年功制・年功賃金の内実は，企業内における長期にわたる個人間の激しい競争世界であり，その競争とは，高い技能や技術の向上をめぐる競争である。小池は，ここでいう高度な技能・技術を，異常な問題への対処や変化への対応と定義づけ，容易に測定することはできないため，企業内で長期にわたって関連業務の経験を積ませ，複数の評価者からの評価を受けながら，長期の働きぶりで長期の実績を競い，それによって報酬や昇進が決まっていくという雇用慣行には合理性があると主張した。

このように，これまでなされてきた日本的雇用慣行に関する数多くの議論

をふまえると，その根源を共同生活体や集団主義・家族主義などの日本の伝統的な文化に求めたり，経済合理性に求めたりする違いはあるものの，いずれも新規学卒者一括採用と終身（長期）雇用制を前提とし，それを支えるしくみとして，遅い昇進，年功賃金などに示される年次管理を日本的雇用慣行の特徴として捉えていると見ることができる。

こうした，新規学卒者一括採用と長期雇用という日本的雇用慣行の特徴と，年次管理という日本における人的資源管理の運用上の特徴との関係を整理した研究に，八代（充）が行った，管理職への選抜・育成の視点から日本的雇用慣行を分析した研究がある（八代（充）2011a）。ここでは，日本的雇用慣行の根幹は長期雇用と新規学卒採用であり，企業にとっては最大多数の従業員のモチベーションをできるだけ長期間維持することが解決すべき人的資源管理上の課題になるため，職能資格制度[5]を導入して年齢・勤続・能力を基準とした社員格付けおよび賃金決定を行い，企業内で幅広く部門や職能[6]を異動させながら同一年次の従業員の昇格格差を長期間にわたりゆるやかに拡大し管理職への選抜を行うことで対応してきた構造が整理されている。

このほか，比較制度分析によって日本企業の雇用契約パターンを理論的に研究したものとして，青木（1989）がある。青木によれば，日本企業の雇用パターンは，昇格昇進などのインセンティブの側面における組織的（集中的）アプローチと，意思決定やコミュニケーションといった情報の側面における個別的（分権的）アプローチが双対的に結合されたものとして特徴づけられる。すなわち，「日本企業は現場情報の重視，密接なヨコのつながりによるコーディネーションなどといった点で，非ヒエラルキー的な情報枠組みを採用しているが，全社的見地からの系統的な人員管理と人材育成とによって，組織としての統合性が維持されている」（青木 1989, p.167）。ここでいう「全社的見地からの系統的な人員管理と人材育成」は，これまでに見てきた，

---

5) 職能資格制度および職務等級制度については，津田（1995），楠田（1989），都留ほか（2005），平野（2006）を参考にした。
6) 「職能」とは一般的に職務遂行能力を指すが，ここでは「人事」，「経理」，「営業」など同種の仕事をひとくくりにした分類を指している。欧米企業の人事労務管理で使われるジョブファミリー（job family）の概念に近い。

日本的雇用慣行における新規学卒採用後から定年に至るまで長期にわたり実施される，年次管理に基づいた人事異動・評価・昇給・昇格にほかならない。

　以上，日本的雇用慣行に関する研究を概観してきたわけであるが，本書においても，日本的雇用慣行の根幹を新規学卒者採用と長期雇用と捉え，その中で実施される人的資源管理の各要素である人事異動・評価・昇給・昇格の動向について特に着目しながら，日本的雇用慣行の今後について分析，考察していきたい。

1.3　日本的雇用慣行における人事部

　さて，こうした特徴を持つ日本的雇用慣行であるが，先にも取り上げた，青木がいうところの「全社的見地からの系統的な人員管理と人材育成とによって，組織としての統合性が維持」されるうえで重要な枠割を果たしてきたのが，企業の人事部である。再び青木の言葉を借りれば，「人事部は，企業の採用活動を集中的に取り扱い，従業員に関するファイルを保ち，さまざまな作業単位間の従業員の定期的な移動を決定し，企業内訓練プログラムを実施することなどを通じて，日本の経営構造において中心的な役割を果たしている。人事部の戦略的な重要性は，西洋企業のそれと比べて日本企業のもっとも特徴的な現象の一つであるといえる」（青木 1989, p.120）。

　それではここで，一般的な日本企業の人事部がどのように日本的雇用慣行や人的資源管理制度に関わっているかついて整理したい。

　日本的雇用慣行の1つである新規学卒者一括採用方式のもと，企業は全社共通の選考基準を定め，新規学卒者が学校を卒業するスケジュールに合わせて年度の一定時期に集中して採用活動を行う。多くの場合，具体的な配属先が未決定の状態で採用の合否決定を行うため，人事部が中心となって集中的に採用活動を行う。また，こうして採用された新規学卒者は，人事部による集合教育に参加したうえで職務の適性が検討され，人事部が配属予定先のラインと最終調整したうえで，職場に配属される。

　長期的な雇用関係を維持するために，企業は従業員を幅広い部門や職能に異動させながら育成・選抜する。そのため入社年次や企業内職務履歴，企業

内教育履歴，過去の評価結果などを含む従業員情報の長期にわたる管理が必要となり，人事部が従業員の人事情報を集中管理する。

日本的雇用慣行の特徴である年功主義を制度的に支えてきたのが，職能資格制度である。職能資格制度は，職務遂行能力に応じて資格等級を設定し，資格（昇格）と職位（昇進）を分離することによって，総人件費を管理しながらも長期雇用の結果生じる上位ポストの不足による従業員のモチベーション低下を防ぎ，特定の専門分野に秀でた者だけが昇格上有利にならないように昇格のための必要最低年数や標準年数を示すなどの工夫によって，柔軟な組織編成や職場のローテーション，職場の協力関係を制度的に可能にしてきた。職能資格制度を構成する社員格付け，賃金，昇進・昇格などの諸制度は，社内の内部公平感が重視され，そのためにここでも人事部が従業員の過去の情報をもとに全社の均衡の調整役となる。

長期安定雇用という日本的雇用慣行の中で，従業員に対してどのように職能を経験させていくかということに関する主な研究に，小池・猪木（編著）(2002) がある。日英米独の企業を対象としたこの研究によれば，国を問わずホワイトカラー人材のキャリアは「やや幅広い1職能型」（たとえば経理職能において財務会計，管理会計，資金管理を経験するようなタイプ）ないし「主と副型」（たとえば経理12年，営業3年など主領域が歴然としているタイプ）が優位である。この理由として，製品需要の変動や事業予算と実績のずれ等の不確実性に対応する技量は幅広い経験により多様な問題に対応していくことから得られる一方，その幅が広すぎれば習得コストがかかりすぎるため，この2つの型が優位に選択されることになると分析されている。従業員の職能領域を変更させるにあたり，「やや幅広い1職能型」が選択されるならば，当該職能を統括するトップが自分の管轄職能の中で職能領域変更を行うことができるので実施しやすいといえるが，「主と副型」が選択されるならば，経験や能力の要件が大きく異なる職能領域間の異動になるほど，特に受け入れ側の部門は強い受け入れ動機を持ちづらくなるので，その仲介役としての人事部の役割が高まるだろう。

こうしたことを鑑みれば，日本的雇用慣行は，それを構成する各種制度間

の補完性がゆえに維持されてきた側面が強いことは間違いないだろうが，同時に，それを慣行として根づかせるための，人事部の存在および関わり方なくしては成立しえなかったと考えることができる。こうした観点から見て，今後の日本的雇用慣行の変化を捉えるうえで，それをつかさどる主体といえる人事部の変化を分析することが重要なのではないか。これが本書の着眼点である。

　なお，本書の研究対象は，いわゆる外資系企業を含む日本の大企業の人事部である。ここで大企業を研究対象とするのは，「日本的雇用慣行の主要なパターンは企業規模が大きくなるほど顕著にみられる」（八代（尚）1997）からであり，また，「大企業で普及した特定の人的資源管理は，規模や産業特性を超えた収斂性・凝集性を持っている」（平野 2006）と考えることができ，かつ，中小規模の企業では一般的に人事部が独立していないケースも多く，人事部に焦点を絞った研究には適さないと考えたからである。

1.4　雇用慣行と人的資源管理制度およびその運用主体

　本書では，人事部に関して分析するに際し，採用活動や給与計算などといった人事部の担当業務の内容やその担当範囲についてではなく，企業の人的資源管理における人事部とラインとの「管轄争い」[7]について注目することとした。ここに着目した理由は2つある。

　第1の理由は，中村・石田（編）（2005）が指摘するように，日本的雇用慣行およびそれを構成する人的資源管理諸制度は人事部とラインの協働作業であり，したがって人事部だけを分析するのは十分ではないと考えたからである。ただしここで留意すべきは，協働作業すべき両者の間に，時として利

7）　レンウィック（Renwick, D）は，2000年に行った事例調査において，人事部とラインが互いに権力や専門知識を駆使しながら対立と協調を図っている様子を観察した。さらにレンウィックはその後2002年の調査で，人的資源管理をラインが運用しすぎることは問題も多く，人事部との協調関係の在り方については再考されるべきと主張した。「管轄争い」というのは人的資源管理論の研究領域においてあまり使われない言葉ではあるが，人事部とラインが駆け引きをしながら互いに人的資源管理の運用，特には人事権の主導権を握ろうとする様子を端的に表現するために，本書ではレンウィックが紹介した事象を参考に，この表現を用いることとした。

図1-1　雇用慣行と人事部集権・ライン分権の関係

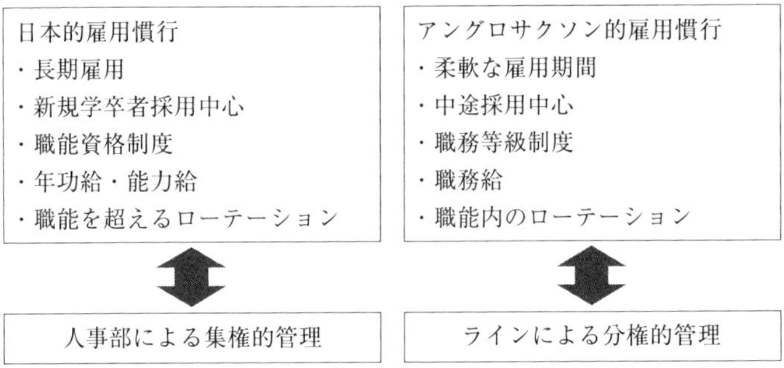

日本的雇用慣行	アングロサクソン的雇用慣行
・長期雇用	・柔軟な雇用期間
・新規学卒者採用中心	・中途採用中心
・職能資格制度	・職務等級制度
・年功給・能力給	・職務給
・職能を超えるローテーション	・職能内のローテーション

↕　　　　　　　　　↕

| 人事部による集権的管理 | ラインによる分権的管理 |

出所：須田（2010）をもとに筆者作成。

害の不一致が生じる場合がある点である。中村・石田の言葉を借りれば，人事部は人事管理を，ラインは仕事管理を担っているからである。双方の目標達成のためには，調整や駆け引きといった行為が不可欠であろう。したがって，「管轄争い」という視点が重要になるのである。

第2の理由は，日本的雇用慣行における人事部の重要性は，アングロサクソン的雇用慣行[8]におけるラインの重要性と対比して取り上げられることが多く，たとえば須田（2010）は，日本的雇用慣行と人事部による集権的人事管理，アングロサクソン的雇用慣行とラインによる分権的人事管理がそれぞれ補完的であると説明している（図1-1）。この補完構造については，後ほど再度詳細に検討するが，この補完性があるからこそ，本書のアプローチである，人的資源管理制度の運用主体から日本的雇用慣行を観察する，というアプローチがさらに意味あるものになり，具体的には，人事部とライン両者の人的資源管理への関わり，両者の「管轄争い」を観察することによって，日本的雇用慣行が観察できるのではないかと考えるのである。

---

8) 山内（2013）によれば，英語ではアメリカを代表とする英語圏諸国についてアングロアメリカンという表現を用いることが多いが，本書では外来語として定着しているためアングロサクソンという表現を用いる。山内はアングロサクソン型雇用制度の特徴を，「外部調達型の採用を行い，職務や成果に応じた報酬を行う雇用システムであり，長期雇用や配置転換はその前提とはなっておらず人事部の権限も限定的」と表現している。

ところで，人事部に関するこれまでの研究に着目してみると，その変化を論じる議論が1990年代後半から盛んになっていることがわかる。

特に欧米では，主に戦略的人的資源管理論の研究領域において，企業戦略と人事戦略との関係に関する研究が進められ（Beer et al. 1984; Pfeffer 1998; O'Relly and Pfeffer 2000; Becker et al. 2001），これとほぼ並行する形で企業戦略の実現を支えるうえでの人事部の役割に関して数多くの議論がなされてきた（Tichy et al. 1982; Schuler 1990; Barney and Wright 1997; Wright et al. 1997; Kleiman 2000; Dirk and Ans 2001; Ulrich and Brockbank 2005, Christensen 2006; Ulrich et al. 2009）。こうした研究を通して，今後の人事部の役割として示されているのが，人的資源管理の運用主体であるラインを支え企業戦略を実現する「ビジネスパートナー」[9]としての役割である。しかしながら本書で注目したいのは，前述の通り，人事部とラインとの「管轄争い」，換言すれば人的資源管理における人事部集権とライン分権であり，「ビジネスパートナー論」等，人事部そのものの役割に焦点をあてるテーマについては多くは取り上げない。

日本的雇用慣行と人事部集権，アングロサクソン的雇用慣行とライン分権がそれぞれ補完的という前提に立てば，人的資源管理制度における運用主権の変化は，日本の雇用慣行の変化を近似する指標として，きわめて適切であるといえるだろう。

2　本書の目的と具体的課題

本書は，文献研究および実証研究を通して，日本の大企業における人事部とラインの「管轄争い」，言い換えれば人事部集権とライン分権の実態について考察し，それを通して日本的雇用慣行が変化しているのかに関して検討するものである。したがって本論で明らかにすべき課題は，大別すれば次の

---

[9]　従来の人事部は事務処理や法律に従ったルールづくりに注力し，いわば企業の番人的存在であったが，これからの人事部は企業あるいは事業部の「パートナー」として企業戦略と整合性のある人事戦略を策定・実施し，それにより企業・事業部の業績の向上に貢献する存在になるべきであるという議論が盛んになっている（たとえばUlrich and Brockbank 2005）。

3点に集約される。

①日本の大企業における人的資源管理において，人事部集権とライン分権の実態はどのようになっているのか。それはなぜか。
②人的資源管理制度は，人事部とラインの「管轄争い」にどのような影響を与えるのだろうか。
③日本的雇用慣行は変化しているといえるのだろうか。

　レンウィック（Renwick 2002）が指摘しているように，人事部とラインのいずれが人的資源管理の運用を担うべきかに関する実態調査や理論的考察はまだ十分とはいえない。
　そもそも，企業の中の仕事で，専門組織とラインが協働して行う仕事というのは，プロジェクト活動などの組織横断的な仕事以外にはあまりない。たとえば，マーケティングの計画立案を，マーケティング部の担当者と経理部のラインが協働して行うことはないであろう。しかしながら，人的資源管理は，人事部が立案し，人事部とラインが協働で運用に携わる。これはもちろん，人的資源管理の管理対象は従業員であり，従業員を管理するのがラインの役割でもあるからであるが，同時に，人的資源管理制度の設計はともかく，運用は「できてしまう」からであるともいえる。「できてしまう」ということは，そこに裁量の余地が入るわけであり，設計通りの運用を期待する人事部と，自分が思うように運用したいラインとの間で思惑の不一致が生じるのである。人事部とラインは，それぞれが異なった思惑で仕事を進める場面が出てくる。たとえば，1人でも多くの人員を抱えて部門メンバーの1人あたりの負荷を減らしたいラインと，全社の人員数や予算を管理したい人事部の思惑が異なったり，欠員募集のためにすぐにでも充足したいラインと候補者の資質をより深く見極めたい人事部の思惑が異なったり，あるいは，優秀な部員を自部門にとどめておきたいラインと他部署を経験させて能力・経験の伸長を図りたい人事部の思惑が異なるなど，枚挙にいとまがない。ここに，人事部とラインの「管轄争い」が生じる。一方で，このように考えるならば，

人的資源管理の運用実態は非常に多様なものになるはずであるが，先に見たように，日本的雇用慣行と人事部集権，アングロサクソン的雇用慣行とライン分権という構図があるのもまた事実である。企業の中での実態はどうであろうか。また，もしもある特定のモデルがそこにあるならば，なぜ多様な選択肢があるなかで特定なモデルが優位になるのであろうか。人事部とラインそれぞれが主権をとって，自らの思惑通りに人的資源管理を運用したいと考える状況の中で，しかしながら実態は何かしらの着地点が見出されているわけである。なぜだろうか。また，人的資源管理制度の内容そのものは，人事部とラインの「管轄争い」にどのように影響しているのだろうか。

こうした点について，本書では先行研究をレビューし，仮説を立て，実態調査を実施する。そして，人事部とラインの「管轄争い」の構図とその理由について理論的に分析し，それを通して日本的雇用慣行が変化しているのかについて，筆者の考えをまとめたい。

3　本書の構成

本書の構成は次の通りとする。

第1章で本書の問題意識と具体的課題について述べた後，第2章では，人的資源管理制度運用における人事部集権あるいはライン分権の在り方を分析するために必要な先行研究のレビューを行う。そのための出発点として，日本的雇用慣行の近年の動向についての先行研究を確認する。本書の分析対象である人事部の重要性は，日本的雇用慣行における人的資源管理の重要性から来ており，したがって日本的雇用慣行の近年の動向を振り返ることによって，それが人事部とラインの「管轄争い」に与える影響についての考察は欠かせないからである。

次に，人事部の組織化と役割について，これまでの研究を振り返る。この目的は，企業組織の中に人事部が設置された背景を振り返り，その組織化原理を確認することによって，これまでの分析では捉えきれていない課題を明らかにすることにある。さらには，本書の主題である人事部とラインの「管

轄争い」について，これまでなされてきた研究・調査をレビューすることによって，本書で着眼すべき課題の絞り込みを行う。

第3章では，本書の理論的フレームワークの検討を行う。そのうえで，代表的な分析理論の中から，本書の分析理論として最も適当なものを選択し，その分析理論に基づいた分析を通して作業仮説の構築を試みる。

第4章から第6章まで続く実態調査は，仮説の検証をするための，本書の核となる部分である。

第4章では，日本でオペレーションを行っている日系および外資系企業に対して詳細な事例調査を行い，人的資源管理における人事部とラインの役割分担に関する実態把握を通して作業仮説の検証を行う。

第5章では，国内大企業に対して郵送質問紙調査を実施し，人的資源管理における人事部とラインの役割分担状況，および人事部の特徴について，統計的な分析による確認を行う。

第6章では，第4章で実態調査を行った企業のうち，経営環境が大きく変化した企業に対して再度調査を行い，経営環境の変化や時間の経過がすでに観察された実態に影響を与えているのか否かについて確認する。

続く第7章では，本書の結果を要約し，第1章で設定した本書の具体的課題，とりわけ人事部の集権・分権度合いの変化を通して捉えた日本的雇用慣行の変化について考察する。

最後の第8章では，近年日本の労働・雇用問題において議論が高まっている代表的な問題をいくつか取り上げ，それを本書のフレームワークに照らして考察することによって，日本的雇用慣行への影響を検討するとともに，今後の研究課題を整理したい。

第 2 章

関連する先行研究のレビュー

　本章では，本書の研究対象である日本的雇用慣行，人的資源管理制度に関する近年の研究，ならびに，人事部の組織化，企業の人的資源管理における人事部とラインの「管轄争い」についての先行研究をレビューすることにより，本書の論点ならびに分析のフレームワークを明確にする。

1　日本的雇用慣行に関する先行研究

　本書の研究対象である人事部の重要性は，日本的雇用慣行とそれを取り巻く人的資源管理諸制度の運用を支える組織体としての重要性から来ている。前章では，日本的雇用慣行の特徴に関するこれまでの主な議論について整理したが，本節では主に日本的雇用慣行の変化に関する近年の議論についてレビューしたい。

　冒頭で紹介した通り，久本（2008）は，企業内の正規従業員の雇用管理分析を行うことによって，日本の雇用制度の特徴を捉えようと試みた。久本によれば，日本的雇用慣行は1997年から始まった「平成雇用不況期」に"混乱期"に入ったとされる。

　実際，特にこの"混乱期"に入って以来，日本的雇用慣行の変化について，あるいは日本的雇用慣行を支える個々の制度，具体的には採用，評価制度，賃金制度，社員格付け制度等の変化について数多くの議論が展開されてきた。

本節では，最初に日本的雇用慣行を支えてきた個々の人的資源管理制度の変化に関する主な議論について概観し，次いで日本的雇用慣行そのものの変化に関する近年の主な研究成果について概観する。

1.1 採用慣行の変化

採用慣行の動向については，日本の新規学卒者労働市場の状況を，公表データと企業個票データの両方を用いて分析した研究がある（原 2005）。これによれば，新規大学卒業者のみを採用している企業では，業務の高度化に対応できる大卒者の能力に期待するところが多く，この意味では大卒者に対して引き続き雇用機会が開かれていくと分析している。原は同時に，企業が大卒者に期待している業務対応能力が低下したと判断されたり，高度な業務と縁辺的な業務の構成比に変化があったりすれば，パート・アルバイト・派遣，請負などの活用が進むだろうという点にも言及しているが，日本企業が高度な業務を海外に出し縁辺的業務を国内に残すシナリオは考えにくいので，新規学卒者採用の慣行は引き続き残る可能性が高いと考えることができよう。また永野（2007）も，既存の統計データと企業へのインタビュー調査をもとに新規学卒者採用慣行の動向について分析をしている。この研究においても，総合職相当の人材の採用に関しては中途採用が一定の範囲で定着していき，今後も企業の採用行動は徐々に変化し多様な採用方法が生まれてくると見られつつある一方で，日本的雇用慣行におけるサブシステムの1つである新規学卒採用が企業の人材採用行動の中心的地位を占めることは変わらないことが分析されている。

1.2 評価制度・賃金制度の変化

評価制度・賃金制度に関する慣行については，1990年後半に実施された富士通の人事制度改革を主なきっかけとして，様々な議論がなされてきた。いわゆる「成果主義」である。成果主義についての定義は様々であるが，たとえば奥西（2001）を例にとれば，①長期的な成果よりも短期的な成果を重視すること，②賃金決定要素として，成果を左右する諸変数（技能，知識，

努力など）よりも，結果としての成果を重視すること，③実際の賃金により大きな格差をつけること，だとされている。こうした特徴は，たとえば長期評価と短期評価，累積賃金（これまでの企業への貢献によって獲得してきた賃金）と時価賃金（現在保有する市場価値に基づいて算出される賃金），小さな賃金格差と大きな賃金格差など，様々な形で対比され，それは日本的雇用慣行からアングロサクソン的雇用慣行への変化であると受け止められた。しかしながら，1990年代後半から2000年代初頭にかけて相次いだ成果主義の導入は，それに対する様々な問題点の指摘を受けて，日本の雇用慣行に適合した形で修正がなされつつある。

　評価制度においては，現在でも大多数の企業が職能資格制度を採用しているが，一部の大企業では職能資格制度に成果主義の要素を組み入れる取り組みを始め，その取り組みにおいて短期的視点の成果主義と長期雇用や内部労働市場といった日本的雇用慣行の枠組みを接合させる試みが必要となったので，ここに日本型成果主義ともいえる，長期の視点と短期の視点を組み合わせた人事・評価制度である役割等級制度に関する議論が生じ，現在に至っている（たとえば平野 2006, 2010b；宮本 2009）。

　賃金制度においても，これまでの日本的雇用慣行の特徴であった年功的運用から，仕事の実績に応じた賃金分配にすべきであるという議論を受けて，職能資格制度のもとで職能給に収斂する傾向にあった企業の賃金制度が拡散傾向を見せた。その1つとして職務給制度と職能給制度の中間に位置する役割給制度が導入され，「人」基準[1]ではあるが年功的な要素が薄まっている役割給制度のもとで，欧米企業で広く導入されている制度と同様に，賃金体系は簡素化され，賃金表は「大ぐくり化」（ブロードバンド化）し，ゾーン別昇給（等級内の賃金の幅をいくつかのゾーンに分け，ゾーンによって評価点ごとの昇給額が異なる昇給決定方法）が導入されてきた（三谷 2010）。

　こうした役割等級制度および役割給が，職能資格制度および職能給に代わ

1）　石田（2006）は，「年齢，学歴，性」を基準とした伝統的年功賃金，「職務遂行能力」を基準とした能力主義的賃金，さらには「役割」を基準とした役割給のいずれもが，「人」の属性を基準とした「人」基準の人事・賃金制度だと説明している。

って日本の大企業を中心に導入されつつある傾向については，近年多くの調査研究により確認，報告されている。

たとえば石田（2006）は，日本の大手企業9社の事例観察を通して，賃金制度のキーコンセプト，社員格付け基準および賃金決定基準が能力主義から役割主義に変化したことを確認し，あわせてこの変化が従来の"組織から人事"という発想の流れから，"市場から人事"という発想の流れに向けたパラダイムチェンジにあったと指摘している。

また平野（2006, 2010b）は，日本企業を取り巻く経営環境の不確実性の増大を受けて，組織の戦略的意思決定は迅速さを重視する集権型となり，それに基づいていかに日常業務に落とし込むかというような業務的意思決定はミドルと現場の水平的調整が引き続き行われ，このとき社員格付け制度は，管理職層は職務主義で，非管理職層は能力主義で設計されることが合理的であると分析した。平野は同時に，能力主義と職務主義に分かれて処遇されている従業員を1つの統一的な社員格付けシステムの中で管理しようとすれば，能力主義と職務主義の組み合わせに柔軟な役割等級制度が，これからの日本企業の主流になるであろうと予測し，事例調査によりこの流れを確認している。

こうして人的資源制度を個別に見れば，これまでの日本型人的資源管理制度の特徴であった能力主義に立脚した賃金制度・社員格付け制度は，アングロサクソン型人的資源管理制度の特徴である職務主義に立脚した賃金制度・社員格付け制度という方向を対極に見据えつつ，結果として日本的人的資源管理制度の特徴をある程度含有した形で，役割を基準とした役割等級・賃金制度という方向に，ゆるやかな変化の兆しが見られるようである。

1.3　日本的雇用慣行全体の変化

次いで，日本的雇用慣行の全体的な変化についてはどのような議論がなされているだろうか。

1980年代後半のバブル経済が弾けた後，1990年代に日本経済は戦後最長の不況を経験し，この間，日本的雇用慣行に対する見方は大きく変化し，日

本的な雇用慣行は破棄してアメリカ的な雇用慣行に移行すべきであるという主張がなされるようになった（たとえば，新・日本的経営システム等研究プロジェクト（編著）1995，経済企画庁 1999，八代（尚）1999 など）。しかし，その後の動きを調査した研究では，当時主張あるいは予測されたほどに大きな変化が生じたわけではない，というのがほぼ共通した見方である。

たとえば荒井（2001）は，「労働白書」や「賃金構造基本統計調査」などの公表データをもとに，雇用保障の実態が大きく変化していないことを確認するとともに，企業の担当者を対象に実施したアンケート調査結果に基づき，大多数の企業が終身雇用制をはじめとした日本的雇用慣行の維持を基本にしていることを確認している。

佐藤・佐藤（2004）は，日本的雇用慣行を企業コミュニティの存在を前提とした組織志向型システムと捉え，こうした組織志向型システムは，企業の資本効率重視経営への転換や，長期安定雇用慣行が適用される範囲の縮小，選抜時期の早期化や複線型キャリアの導入等の様々な変化を受けて変質しているように見えるが，企業コミュニティの維持や繁栄を目指そうとする規範はいまだ残っており，これまでの日本的雇用慣行が根幹から解体したとは言い難いと分析している。

日本的雇用慣行に変化の兆候が見られている実態の報告例もある。

たとえばオルコット（2010）は，「日本的経営は日本の制度，具体的には日本の文化，社会の価値観，日本人のものの考え方や意識に深く埋め込まれているため」に，日本的雇用慣行の特徴である従業員重視，従業員主権と平等という原則は変わっていないとしながらも，日本の大企業 5 社に対して外資系企業がもたらした変革を分析した結果，程度の差こそあれ調査対象企業における人的資源管理制度や企業ガバナンスに変化が見られたことを確認した。

また山内（2013）も，日系および外資系の金融企業に対する事例調査を通して，金融業界においては日系企業の雇用慣行や企業ガバナンスが外資系のそれに近づく方向で変化していることを確認している。

これら一連の研究・調査を全般的に見れば，賃金制度や社員格付け制度は

組織内部の情報システムや一国の社会システムとの補完性によって条件づけられているためにそれを維持しようとする慣性はいまだ強く，したがってこれまでの日本的雇用慣行が根幹から解体するとは言い難い。他方で企業を取り巻く競争環境の激化や企業業績の短期的志向の高まりを背景に，日本的雇用慣行の枠組みを維持したなかで長期安定雇用，年齢や勤続に応じた処遇システムに修正が加えられ人的資源管理制度の多様性が進展するというのが，ほぼ共通した見方のようである。

こうした日本的雇用慣行の周辺諸制度の変化は，その運用における人事部とラインの分担関係に影響を与えるかも知れない。なぜならば，すでに見た通り，日本的雇用慣行の特徴と日本的人的資源管理制度の特徴と人事部集権というその運用方法は相互補完的であり，人的資源管理制度の多様化はその相互補完関係に影響を及ぼす可能性があるからである。

そしてここに，今日の状況を実証的に分析し，それを通して日本的雇用慣行の変化を考察する本書の研究意義と課題があるといえるのである。

2　人事部の組織化と役割に関する先行研究

2.1　人事部の誕生

人事部とラインの「管轄争い」についての先行研究を確認する前に，本節では，人事部が生まれた歴史的背景を確認する。人事部が誕生し，その後担ってきた役割の分析を通して，人事部の根本的な存在理由を理解するためである。これにより，なぜこれまで日本において人事部が人的資源管理運用の主担当となってきたのかについて，確認する。なおここでは，資本国籍の違いが人事部の設置理由に影響を与えているのかを確認するため，日本企業だけでなく欧米企業における人事部についても概観してみる。

宮本（1995）によれば，採用・配置・育成・報償・福利厚生といった労務管理システムは，江戸後期において地方経済が発展し地方領国間が結ばれて流通のネットワークが形成され，これに対応する形で三井・鴻池・大丸・白木屋などが地方に支店組織を持つことになり，本店―支店間の複雑な経営業

務を集権と分権の組み合わせで管理するためのしくみが必要とされたことから組み立てられたものである。そしてこの時代の人的資源管理の主体は，主に番頭もしくは支配人であった。明治前中期になっても，親方内部請負制が支配的であり，労働者の募集・採用，賃金決定，配置，訓練，昇進，懲戒・解雇などの人事権は，程度の差こそあれライン（当時でいえば親方や現場監督者）の掌握するところであった。

　それでは，日本において人事部が創設されたのはいつのことであろうか。白井（1992）によれば，人事部が独立した組織として多くの企業に取り入れられたのは，第一次世界大戦の勃発による日本経済の拡大に伴う企業活動の活発化，ならびに，それによる労働需要の逼迫に端を発する。各企業は労働者不足への対応策として従来の親方内部請負制から労働者の直接雇用・管理に切り替え，同時に労働者の企業内育成システムを導入した。この労働者の直接雇用と企業内熟練形成を管理するため，多くの大企業が人事労務担当の部・課を新設し，そこに専門スタッフを配置した。

　欧米企業ではどのような背景で人事部が組織化されたのだろうか。

　今井（1991）によると，アメリカにおける人的資源管理施策の運用担当は3段階に分かれる。第1段階は雇用・監督・訓練・報酬管理・解雇の機能を持つ作業現場の第一線管理者，第2段階は福利厚生活動を中心とした職務を専門的に実施する「福利厚生係」（Welfare Secretaries），第3段階が採用・雇用管理・教育・報酬管理・福利厚生を扱う「人事部」（Employment Department）であった。たとえば，1888年頃には紡績機械工業企業のホワイティング・マシン・ワークス社（Whiting Machine Works）が，次いで1900年頃にはBFグッドリッジ社（BFGoodrich）が，集中的な労働力調達のための雇用部（Employment Department）を設置している。また，ナショナル・キャッシュ・レジスター社（National Cash Resister）には「アメリカ産業における最初の近代的な人事部」といわれる「労務部」（Labor Department）が設置され，雇用・記録・苦情処理・賃金の不公平是正・解雇許可・安全衛生という役割を担当した。

　岩出（1989）によれば，1865年の南北戦争終結とともにアメリカ経済は

急激に発展し，企業は大量の不熟練労働者による大量生産方式を生み出すと同時に，厳しい企業間価格競争を背景にして専断的な賃金の引き下げや長時間労働の強制を行った。一方で，労働組合運動が全国的に広がり始めるとともに，州・連邦レベルにおいて賃金・労働時間・作業条件についての法規制の動きが活発化したため，企業経営者の関心はいかに生産性に見合った賃率を設定するかという点にあった。賃率設定はその後テイラー（Tayler, F.）やその後継者による科学的管理法が導入され普及していったが，科学的管理法への批判が産業心理学を生み出し，職務分析・職務記述書，選抜テスト，採用面接などの発達が見られた。この間，テイラーの提案により一部の企業では計画部門の一単位として選抜と記録を担当する雇用部（Employment Department）や労働部（Labor Department）が設置された。さらに，広範に膨れ上がった福利厚生制度を集中管理するための福利厚生部（Welfare Department）が出現した。雇用部の職務は，中核的職務としての募集・選抜・記録と付加的職務としての教育訓練・賃金・懲戒・苦情処理・福利厚生・調査研究から構成されていた。

　テイラーイズムがもたらした人事部への権限集中について，カペリ（Cappelli 1999）は次のように述べている。すなわち，テイラーが持ち込んだ科学的管理法は，作業の標準化による効率性を追求し，その結果，作業に関する意思決定の権限が，それまでの職長から，組織全社の意思決定を統括する機能を持つ組織，すわなち人事部に移管する必要が生じた。中央の組織によって厳密に設定された生産量とコスト目標を達成するには，安定的なスキルや人的資源の共有が不可欠であり，そのために雇用をそれまでの外部調達型から内部調達型に切り替える必要が生じた。たとえばフォード・モーター社（Ford Mortor Company）では，すべての職長から工具の採用や解雇の決定権を取り上げて中央の人事部に移管した。内部労働市場型の雇用関係は，緻密な職階制に基づく内部昇進制度，雇用保障，安定した賃金，社内教育制度等の確立をもたらした。

表2-1 人事部の業務内容

人事企画	1. 人件費予算　2. 人事・給与制度　3. 採用計画
労務・勤労	4. 労使交渉　5. 労働協約・就業規則　6. 労使協議会
制度運用	7. 人事考課・アセスメント　8. 異動・人事発令　9. 昇給・賞与　10. 給与・退職金　11. 採用活動　12. 海外人事　13. 人事記録　14. 賞罰
能力開発	15. 研修企画　16. 研修実施　17. 提案・QC
福利厚生	18. 福利厚生企画　19. 福利厚生運営　20. 安全衛生・健康管理　21. 労災補償

出所：今野（1987）をもとに筆者作成。

2.2　人事部の役割

このように，各企業において人事部が設置された当初は労働力の調達，いうなれば「労働力管理」が人事部の主な役割であったが，間（1989）によれば，次第にそれは個々の労働者の「労働意志の管理」にまで拡大していった。第二次世界大戦中の人事部で実施された人的資源管理施策は主に「労働者の採用と社内教育の実施」，「賃金制度をはじめとする労務施策の体系化」，「労使関係の対応」の3つであり，労働運動との関係で労使関係の管理が重要視されるようになったことから，社内における人事部の地位が向上した。

労使関係が安定する1953年頃までは労使関係の対応が人事部の役割のうち最も重視されており，そのために学卒の優秀な従業員が人事部に多数配属された。やがて労使関係が安定化すると，今度は企業内教育訓練ブームに対応して教育・訓練がこれまで以上に重要性を増し，その後も人事・給与制度や人事考課，若年層対策，企業年金，組織の変革への対応など多様になっていった（たとえば，日本生産性本部 1966，1986；中井 1995；山下 2008など）。

今野（1987）は，上場企業の人事部長に対してアンケート調査を行い，企業規模や業種にかかわらず人事部が共通して担当している主要業務は人件費予算の策定・管理等の人事企画，人事考課等の制度運用など，表2-1に示す21業務で人事部の業務内容全体をほぼカバーしていることを確認した。ここに掲げられた21業務は，人事部の役割に関するこれまでの数多くの調査・研究と照らして考えても，その注力度合いは時代や個別企業の事情により異

なるが，今野の調査から 30 年近く経った現在でもほとんど変わることのない，非常に安定したものであるといえそうである。

次に，欧米企業における人事部の役割について先行研究を調べてみることにする。

欧米企業においても人事部は，企業を取り巻く環境の変化に応じて役割の重点を変化させてきた。企業を取り巻く環境の中で特に人事部の役割に影響を与えるものとしては，市場の圧力，労働力不足，労働組合の脅威，政府による規制などがあり，そのたびに社内での人事部の位置づけが高まり，同時に人事部は環境の変化を効果的に利用することによって，自らの社内における位置づけを維持してきた（Kochan and Cappelli 1984; Jacoby 2005）。

1960 年代と 1970 年代は，政府による各種規制の制定，管理職や技術専門職といった労働組合員以外の労働力需要の増大などの事情が企業における人事部の社内的地位をさらに向上させた（Renwick 2002）。そしてその後も QWL（Quality of Work Life）活動や，企業が労働組合に加入しない状態を保ち続けるメリットが注目され（Faoulks 1980），それらに応じて人事部も新たな役割を担った。また第二次世界大戦前に一部の企業で導入された選抜テストや従業員意識調査などの心理学的な手法が拡大し始め，従業員モチベーションの研究が報酬のしくみや職務の再編成に応用されていった。こうしたなか，企業では従来の労使関係とは別に従業員関係（Employee Relations）が重視されるようになり，企業の人事部は経営者の育成，報酬管理，教育訓練，コミュニケーションにより大きな精力を注いだ。

2.3　人事部の組織化原理

このように，人事部の組織化についてその歴史をひもとくと，その根底には 2 つの理由があるようである。1 つは，労働力の調達や教育訓練，労働組合との交渉など企業全体を取り巻く環境への対応，ならびに各種の社内手続きといった全社標準的な作業について，それに直面した従業員またはラインが個別にやるよりもまとめて行った方が単純に考えて効率的だからという理由で人事部に集約されてきた。もう 1 つは，内部昇進制度や雇用保障，賃金

管理などは，ラインがばらばらに運用するのではなく人事部が中央で運用することによって，制度全体の統制的な運用が可能になるという理由で人事部集権の形がとられてきた。

換言すれば，元来人事部が組織化された基本原理は，いわゆる規模の経済による，手続きの効率性と制度運用・維持の効率性を追求したものであったといえよう。

ここで日本的雇用慣行との関連を考察するならば，新規学卒採用が人事部に集約されているのは，採用活動そのものに対する手続きの効率性の追求，採用の質に対する制度運用の効率性の追求になり，異動や昇格昇進に関して人事部が主たる責任を負うのは，制度運用・維持に対する効率性追求の点で説明がつくものと思われる。

3 人事部とラインの「管轄争い」に関する先行研究

3.1 日本企業における人事部とラインの「管轄争い」

前節で見たように，人事部の組織化は規模の経済の享受という背景があったわけであるが，だからといって，人事部だけですべての人的資源管理を運用できるわけではなく，人的資源管理は人事部とラインの協働作業が必要となる。そこで本節では，人的資源管理における人事部とラインの「管轄争い」に関するこれまでの研究を整理してみたい。

日本においては，これまで人的資源管理の実行について人事部とラインで「管轄争い」しているといった視点での研究はなく，人的資源管理について人事部とラインでどのように役割分担するかについて研究がなされてきた。例をあげれば，事例調査を通して本社人事部と現場部門の人事担当組織との役割分担に関する分析を行った日本労働研究機構（編）（1992），情報管理の分散化（双対理論）に基づいて本社人事部と事業部門の人事スタッフとの役割分担に関する分析を行った藤本（1999），労働経済学の視点からラインへの人事管理機能移管の提言を行った樋口（2001），経営学の視点から同様の提言を行った守島（2002），欧米においても Ulrich and Brockbank（2005）な

ど多数の研究がある。これらは，人事部内での役割分担，あるいは，人事部とラインの役割分担に関する研究として非常に興味深いものであるが，理論的分析が中心であり，実態調査の蓄積が十分とは言い難い。

　この点で八代（充）（1991, 1992）は，事例調査を通して，大手企業における人事部の役割について理論分析を行った。これにより，大手企業の人事部は，人事情報や人事の専門知識を1カ所に集中させることによって「集積のメリット」を享受しながら，①ラインに対する人事情報の提供，②人事情報の探索，③採用面接への関与，④人事考課の調整・修正および個別人事への関与，という機能を果たしていることが確認された。この八代（充）の研究は，人事部の組織化原理である「規模の経済性」の存在を確認したものであると同時に，「組織全体の調整」という，全社的見地から組織としての統合性を維持する人事部の役割を改めて確認している。

　人事部が持つ「組織全体の調整」という役割については，中井（1995）においても，関西経営者協会が実施した「本社人事部門の機能と将来像に関する調査」の分析を通して，本社人事部の重要な役割が「組織全体の調整」であることが確認されている。人事異動を行う際に本社人事部がどのような情報を利用しているかという問いに対して回答の多い順に並べると，「異動先の職場からの要望」，「直属上司の推薦」，「自己申告制度」，「人事考課制度」，「人事情報システム」，「社内公募制度」となり，この結果から中井は，「ライン管理者―本人―異動先の職場の利害調整を行うことによって，経営目的と各職場や個人の事情を調整し全体均衡に持っていくことが本社人事部の重要な役割である」と結論づけている。

　人的資源管理制度とその人事部およびライン間による分担関係を整理した研究については，須田による日本企業とイギリス企業の賃金制度に関する事例調査を通した研究がある（須田 2004）。これによれば，日本企業の賃金制度の基本的特色は，「人ベース（person-based）・組織ベース（organization-based）・ストックベース（stock-based）」で，長期的な公平感の重視，人事部による集権化した個人賃金決定構造，「年齢による賃金」という心理的契約に特徴がある。一方，イギリス企業の賃金制度は「職務ベース（job-based）・

市場ベース（market-based）・フローベース（flow-based）」で，その時々の公平感の重視，ラインに分権化した個人賃金決定構造，「職務と貢献による賃金」という心理的契約に特徴がある。ここでは，人事部への集権によって人的資源管理制度の整合化が図られている日本的雇用慣行と，ラインへの分権によって制度的整合性が図られているアングロサクソン的雇用慣行という図式が理論分析と実証分析によって整理されている。またこれは，職務等級制度，職種別採用，業績ベースでの報酬などの個別管理の傾向が強ければ，それを円滑に進めるために，人事管理上のラインへの権限委譲は必然的であるとする指摘（八代（尚）1998）とも整合性があるものとなっている。

　このことから，日本的雇用慣行の変化に関する多くの研究が指摘しているように，日本的雇用慣行を形づくってきた諸制度とアングロサクソン的雇用慣行を形づくってきた諸制度の中間的な制度が今後拡大していくのであれば，人事部とラインの役割分担においても，人事部集権とライン分権との中間型ともいえる体制が派生，拡大していく可能性も考えられよう。たとえばこの一例としてあげられるのが，江夏・平野（2012）による研究である。彼らは理論分析および実態調査を通して，役割等級制度を効率的に運用するためには，管理職と「コア人材」に対しては人事部に人事権を集中させるとともに人事情報を収集蓄積し，それ以外の人材に対してはラインに分権化されるべきであるということを示した。

3.2　欧米企業における人事部とラインの「管轄争い」

　ところで，非常に興味深いことに，アングロサクソン的雇用慣行下において，すなわち，すでにラインへ人的資源管理が分権化されているはずの欧米企業においても，近年，人事部集中からライン分権に変化すべきだという議論，あるいは人事部集権からライン分権に移行しつつあるという実態が数多く報告されている（Hutchinson and Wood 1995; Brewster and Larsen 2000; Currie and Procter 2001; Storey 2001; Kulik and Bainbridge 2005）。

　たとえばユッチンソンとパーセル（Hutchinson and Purcell 2003）は，特に雇用関係や賃金管理が個別化してきたことをその理由としてあげ，従業員に対

する褒賞制度の運用と教育について人事部からラインへ役割の移管がなされている実態を確認している。

コスト削減をその理由とする調査・分析も多数報告されている（Brewster and Larsen 2000; Renwick 2002; Kulik and Bainbridge 2005）。

たとえば，ウィッテイカーとマーチントン（Whittaker and Marchington 2003）は，イギリスの大手食品会社のラインに対するインタビュー調査を通して，それまで人事部が担っていた役割がラインに移管されたのは，同社の経営が不振となり，会社が利益率改善のために全社ならびに人事部の従業員の数を大幅に削減したこと，また，同時にITを利用した様々なプロセスの導入によって，ラインや従業員による「セルフサービス」[2]が導入されたことがきっかけであると報告している。

コスト削減に関連する議論として，人的資源管理の効率性向上をラインへの分権の理由とする議論も多い。

たとえば，管理する部下の近くにいるラインが人的資源管理を行った方が，人的資源管理上のアクションが素早く効果的に行えること，ラインが行う人的資源管理はビジネスの現実に即したものであり企業業績向上に寄与する可能性が高いという見方（Lowe 1992）や，人的資源管理をラインが行った方が関連事項に対する意思決定が早くなるという見方もある（Brewster and Larsen 2000; Renwick 2002）。

このような動きをラインはどのように見ているのだろうか。

ラインは人的資源管理を行うことを自分たちの当然の役割であると感じ，楽しんでそれを行っていることを確認した研究も少なからずあるが（Hyman 1999; Renwick 2002; Whittaker and Marchington 2003），一方で，ラインが人的資源管理を担うことに対して，効率性の面で疑問視する声も数多くある。その代表的な根拠は，ラインは本業が忙しく人的資源管理に割ける時間がない，ラ

---

[2] たとえば従業員に住所変更や扶養家族の異動等の変更が生じた際には，以前は従業員が人事部に届け出を行い，人事部がその届け出をもとに従業員情報（データベース）を更新するのが普通であったが，近年のITシステムの発展に伴い，人事部を経ることなくデータベースを更新することが可能になった。これを「セルフサービス」といい多国籍企業を中心に導入が拡大している。

インはもともと人的資源管理が本業ではないのでそれを担うだけの十分な経験や知識がないため，その運用が適切でなかったり，必要以上に時間をとられたり，問題を未然に防ぐために人事部から継続的に支援やトレーニングを受けなければならないというものである（McGovern et al. 1997; Cunningham and Hyman 1999; Sisson and Storey 2000; Renwick 2000, 2002）。こうした時間のなさや知識不足による自信のなさは，ラインの不満に結びついている（Cunningham and Hyman 1999; Sisson and Storey 2000）。

　先に見た通り，日本では人事部とラインの「管轄争い」といった視点での研究はあまりないが，欧米ではそうした視点での実態調査がいくつかある。たとえば，モーハンとローラー（Morhman and Lawler 1999）は，事例調査を通して，人事部とラインそれぞれが人的資源管理を自らの手で行いたいと考えている，という報告をしている。人事部は，ラインの人的資源管理の運用に対して懸念を抱いており，もしもラインが人的資源管理の多くを担えば，人的資源管理施策がその狙い通りに機能しないだろうという心配が背景にある（Hall and Torrington 1998）。ラインが人的資源管理を自らが行いたいと考える理由としては，ラインの人事部に対する不満から起因しているという見方があり，たとえば「人事部が導入する人的資源管理施策は理論的には正しくても現場の実態に照らすと効果的とはいえない」（Lowe 1992），「人事部が提供するサービスにラインは満足できない」（Hyman 1999）などがある。事実，リンチ（Lynch 2004）がイギリスの小売業に行った事例調査では，人事部が導入した制度を，明文化されていないような運用や慣習的に実施されてきた施策においては特に，ラインが自分の都合に合わせて修正して運用している実態が報告されている。日本でも樋口（2001）が，分権化をすれば全体最適を損ないかねない機会主義的な行動をラインがとりかねないと指摘しているが，まさにその現象がここに出現している。

　このように，欧米企業において，人的資源管理のライン分権化の背景には効率性の追求という側面が強いが，ただしそれが本当の意味で効率的であるかという点については，様々な議論があるようである。

　ところで，日本ならびに欧米の先行研究を通して，人的資源管理制度運用

の人事部集権からライン分権化という共通した方向性があることを見てきたわけであるが，ここで留意すべきは，その背景，ならびに日本企業における集権度合と欧米企業におけるそれにはかなり程度の差がありそうだということである。

先に紹介した須田（2004）のモデルでいえば，欧米企業はすでに「職務ベース（job-based）・市場ベース（market-based）・フローベース（flow-based）」になっており，人的資源管理制度の運用も，すでにラインへの分権が進んでいると考えることができる。したがって，近年欧米企業において議論されている，人事部からラインへの分権という流れは，日本で議論されている同様の流れとは同じ内容であると見るべきではない。

事実，ジャコービィ（Jacoby 2005）も，日本企業の人事部に分権化傾向が見られつつも依然としてアメリカ企業の人事部よりも集権化されていることを日米企業に対する実証調査から結論づけている。

人事部とラインの「管轄争い」に関しては，人事労務管理の人事部への集権あるいはラインへの分権という2軸で議論されることが多いが，そもそも日本と欧米ではそのスケール自体が異なること，理論的には，人的資源管理制度そのものの変化と同じ理由で，日本企業の人事部がこれまでの日本の人事部の特徴である集権性を放棄し，ラインへの分権化が一気に進行するとは考えにくく，その両極の間のどこかを何らかの理由で選択することになると推察されることから，その実態は，仮説を設定したうえで，企業の実態がどのようであるかを丁寧に観察するより方法がないのである。

4　先行研究のまとめ

これまで見てきた先行研究をまとめると，主に次の3点のことがいえよう。

第1に，先行研究・調査を全般的に見れば，正規従業員を中心とした長期安定雇用，能力をベースとした社員格付け制度や能力ベースの賃金制度，新規学卒者を軸とした採用，職種転換をも含んだジョブ・ローテーションといった従来の日本的雇用慣行・日本型人的資源管理制度を維持しようとする慣

性はいまだ強く，したがってこれまでの日本的雇用慣行がすぐに根幹から解体するとは言い難いものの，企業を取り巻く競争環境の激化や業績の短期的志向の高まりを背景に修正が加えられ，賃金制度はアングロサクソン型にゆるやかに移行する兆候も観察され，また，社員格付け制度は日本的人的資源管理の特徴を残しつつ職務主義的な要素を取り入れた役割基準への変化が確認されつつある。

こうした人的資源管理制度施策の1つの変化は，オスターマン（Osterman 1994）が主張した，個々の人的資源管理施策が組織成果に与える効果の総和以上に人的資源管理施策がバンドルとして機能した場合の効果は大きいという観点に立てば，他の人的資源管理諸制度の変化につながる可能性が少なからずある。

これは，須田（2010）が指摘した，日本的雇用慣行と日本的人的資源管理制度ならびに人事部による集権的人事管理の補完的関係性の一部に変化が生じることを意味する。実際，実証研究はまださほど多くないものの，たとえば役割等級制度下における人事部の在り方といった，特定の人的資源管理制度と整合性のある人事部の在り方が分析されており（平野 2006），日本的雇用慣行の変化を分析するうえで今後の実態調査が非常に重要であることが確認された。

第2に，人事部の組織化原理は「規模の経済性」にあり，それによって，手続きの効率性と制度運用・維持の効率性を追求してきたものであった。これは，人事部が，第一次世界大戦時の労働力逼迫を契機として，それまでのラインによる分散管理から専門スタッフによる集中管理といった流れの中で設置が促進された歴史的背景から見て明らかであり，また過去の事例調査からも確認されている（八代（充）1991, 1992）。さらにジャコービィ（Jacoby 2005）によって実施された，日本の大企業に対する聞き取り調査と郵送質問紙調査を通しても，「日本企業は本社人事部に役割を集権化し，規模と範囲の経済性を達成している」ことが確認されており，規模と範囲の経済性要因が人事部組織化の根底にあり，これが人事部研究における重要概念であることは間違いないと思われる。しかしながら一方で，ジャコービィはまた，企

業規模にかかわらず日米企業とも人事機能の人事部集中の程度が非常に多様であることを指摘し，日本では人事部の管理権限と人事部スタッフ比率との間に強い正の相関関係があるが，アメリカではこの相関関係があるとはいえ統計的に有意なものではないことを発見した。仮に規模と範囲の経済性要因が人事部の組織と機能を理解する唯一の要因であるならば，企業の国籍にかかわらず同程度の規模の企業における人事部の組織は同様の型になるはずであるが，現実には日本と欧米企業の人事部は明らかに組織の構造が違っており，ゆえに規模と範囲の経済性要因だけでは人事部の在り方や役割について説明しづらいことが窺える。

　第3に，人事部とラインが人的資源管理制度の運用をどのように「管轄争い」しているかということについては，日本においてはまだ実証研究は多くはないが，欧米の研究では，アングロサクソン的雇用慣行・人的資源管理制度のもとでライン分権をより強めようとしている傾向にあることとともに，その弊害も議論されている。ここで興味深いのは，こうした議論が短期的な利潤極大化という経済合理性の観点でなされているだけでなく，人事部とラインという人間が持つ諸要因，限定合理性[3]や機会主義的考え[4]といった観点でもなされている点である。先行研究では，人事部とラインが人的資源管理の「管轄争い」の過程で，お互いに駆け引き[5]があることが窺えた。人事部は人的資源管理をできるだけラインに委ねたいという思惑を持つ一方で，人事部に権限を残しておきたい，人事部が集中管理しなければ企業全体にと

---

[3] Simon（1961）は，人間は経済学で仮定されているような完全合理的な存在ではなく，人間の情報収集，処理，伝達力は限定されており，限定された情報の中で意図的に合理的にしか行動できないとし，これを「限定合理性（bounded rationality）」と呼んだ。

[4] すべての人間は自己利益のために悪徳的に行動する可能性がある。これが「機会主義的な考え」である。Williamson（1975）は，「機会主義は，私益を追求するという仮定の一変種であり，（中略）機会主義の諸帰結は，企業と市場の伝統的な経済モデルにおいては不完全にしか展開されていない」と述べている。

[5] 人的資源管理における「駆け引き的な行動」とは，たとえば，従業員を全社的視点で育成したいと考える人事部から管理職が部下の異動の打診を受けた場合，既存人材の「抱え込み」を優先するために人事部では完全に把握しえない理由をたてて断るような状況がそれである。たとえば平野（2006）において，ある人材が部門業績に大きく貢献する人材であれば，人材育成よりも足元の業績向上のインセンティブが勝るラインが人材の出し惜しみをすることが報告されている。

って効果的な人事労務施策の運用ができない，とも考えており，一方のラインも，自分たちが人的資源管理に携わることに対して忙しさや専門知識の欠如から不安を感じつつも，現場の現実にあった形で自ら運用したいと考える思惑を持っているようである。

　いずれにせよ，レンウィック（Renwick 2002）が指摘しているように，人事部の実態に関する調査や理論的考察がまだ十分とは言い難いし，「結局，人事部とラインがどのようにビジネスの現場で協業すべきかの明確な指針はない」(Currie and Procter 2001) のである。

　そこで本書は，これら先行研究を発展させるべく，規模の経済性要因とは異なる分析的視点によって人事部の役割，特に人的資源管理における人事部とラインの「管轄争い」について考察・実証を行いたい。

第3章

理論的フレームワークと調査方法

1 本書の理論的枠組み

　前章では，人事部とラインとの間には，短期的な利潤極大化という経済合理性の観点で人的資源管理の分担がなされているだけでなく，人事部とラインという人間が持つ諸要因，すなわち限定合理性や機会主義的考えといった観点が生み出す駆け引き的な行動から分担がなされていることを垣間見ることができた。こうした状況を前提に，両者のあるべき「管轄争い」，言い換えれば人事部への集権とラインへの分権の理論的根拠を分析，検討するにはどのようなフレームワークが適しているだろうか。

　平野（2006, 2010a）は，「人事情報の費用」という概念を用いて，役割等級制度下における人事部への集権の度合いについて説明している。平野のいう「人事情報の費用」とは，「人事情報の非対称性に関わる費用」と「人事情報の粘着性に関わる費用」からなる。「人事情報の非対称性に関わる費用」とは，人事部が全社的な観点で従業員の情報を保有する一方，ラインは日常の仕事を通した部下の情報を保有しているので，両者が持つ情報は非対称となり，人事異動を交渉する当事者間に情報の非対称性があるとき，特にその人材が現在所属する部門業績に大きく貢献している人材であるほど，ラインは出し惜しみをする。これがいわゆる「人材の抱え込み」であり，それがなければ獲得できた利得を失うという意味で，非対称性に由来する費用と

なる。また，「人事情報の粘着性に関わる費用」とは，人事情報システムで管理できないような，いまだ顕在化していない情報，すなわち「粘着性の高い情報」を取得するには，直接従業員と会って情報を得たり，その情報を得るためのスキルを磨かねばならず，ここに費用が生じる。平野は，企業が役割等級制度を導入する場合，その役割の大きさの判定と社員格付けについて人事部とラインの人事情報の偏在が大きくなるので，人事部は理想的にはすべての人材について人事情報を正しく把握する必要があるが，その把握費用を節約するために，管理職ならびに「コア人材」に絞って人事権と人事情報を収集蓄積し，それ以外の人材についてはラインに分権化するというモデルを構築した。この平野の視点は，人事部とラインの駆け引き行動ならびに効率的協業を念頭に置いており，本書の理論的枠組みを構築するうえで大きなヒントとなる。

　この，人事部とライン間における情報の偏在性，駆け引き的行動といった視点を考慮して，本書の分析に用いる理論的フレームワークを選択するにあたり，代表的な分析理論に目を向けてみると，たとえば新古典派経済学は，ドーリンジャーとピオレ（Doeringer and Piore 1985）の言葉を借りれば，その分析の視点が個人の経済的福祉を極大化するためのものであり，また，完全合理的な人間観に根ざしたものであるため，本書の分析に適しているとは言い難い。また，人事部とラインが人事的資源をどのように分担するかはいわば内部組織における意思決定の問題であるが，今井ほか（1971）の言葉をそのまま借りれば「企業とは生産をつうじて利潤を獲得するために一つの統一的な意思決定の主体によってコントロールされている組織単位と考えられている。その内部組織とか構成範囲とか，その意思決定のプロセスとかの問題についてはあまり注意を払わない。生産の理論では，企業を，生産についての意思決定は行うが，ちょうど拡がりをもたない質点のような内部組織をもたない存在であると考えているのである」となり，内部組織の意思決定の分析には適しているとはいえない。

　また，経営学における組織設計論は，ダフト（Daft 2001）によれば，組織が分権化するか集権化するかは組織内の技術の性質により決定することとさ

れ[1]。また，伊丹・加護野（1989）も組織論の視点で組織の集権化と分権化を決定づけるのは，意思決定のスピードと質，調整の工数，従業員の参画意識であるとしており，組織内部の駆け引き的行動や情報操作といった人間行動の分析的視点が乏しい点で本書の分析のフレームワークとしては適さないと考えた。

人間行動の分析的視点という点では，動機づけ理論によって分析できる可能性はあった。確かに，人事部ならびにラインを個別に見れば，各々が自己の目的である企業における全体最適あるいは部分最適を選考する理由は動機づけ理論での説明が可能である。たとえば，マクレランド（McClelland 1961）の権力欲求（他人に影響力を行使してコントロールしたいという欲望）や期待理論（人間の行動志向は，その行動があらかじめ定められた報酬につながるという期待の程度と，そのアウトプットが本人に与える魅力の程度による）による分析である。ただしこうした理論では，人事部とラインそれぞれが欲求最大化を図る構造，すなわち，各々が担当組織・職務の効率を最適化する構造は分析できても，企業全体のコスト効率化との関係性が分析しづらい。

これまで見てきたように，本書の着眼点は，人事部とラインという，組織に働く人間が互いに異なる量と質の情報を保有しながら各々が担当組織・職務の効率を最適化することを前提とした場合に，企業としてその各々の動きを統制し，監視あるいは交渉しながら企業全体の効率の最適化を図るためのコストが人的資源管理における人事部とラインの「管轄争い」に与える影響に着目するところにある。とはいえ，人事部とラインの人的資源管理における主権がすべて人間的な駆け引きで決まるわけではもちろんなく，当然企業の利潤最大化という視点も考慮に入れなければならない。

そこで本書では，「内部組織の経済学」の理論群の1つである，ウィリアムソン（Williamson 1975）が展開した「取引コスト理論」を分析の理論的フ

---

1) ダフト（Daft 2001）は，組織内の技術を「ルーチン化された技術」，「ルーチン化されていない技術」，「エンジニアリング技術」，「職人的技術」に分類し，「ルーチン化された技術」におけるタスク活動の意思決定は集権化し，「ルーチン化されていない技術」は従業員への分権化が最も大きくなるとしている。

レームワークとして用いることとした。

　ウィリアムソンは，組織失敗の可能性を導く基本的な諸要因として，①不確実性（uncertainty）と②取引主体の少数制（small numbers）という2つの環境の諸要因と，③限定された合理性（bounded rationality）と④機会主義（opportunism）という2つの人間の諸要因をあげる。すなわち，市場メカニズムとの関わりにおける企業組織の理論だけでなく，人間との関わりにおける企業組織も考慮に入れた企業組織の理論という側面を持つ。

　すでに見てきたように，日本的雇用慣行の本質は従業員の人事権が人事部に一元化されていることにある。こうした人事部集権のもとに，人的資源管理制度が運用される。ただし，その人事権を行使するためにはライン管理職と，調整や駆け引きといった行為を行うことが不可欠である。こうしたプロセスを分析するためには内部組織の経済学に勝るものはない。

　ウィリアムソンは，すべての人間は限定合理的かつ機会主義的であるという行動仮説を置き，そのために取引に際して駆け引きが生じ，その駆け引きを防止あるいは抑制するためにコスト（取引コスト）が発生すると考え，この取引コストを節約するために多様なマネジメントの制度が発生し，選択されるとした。また，ウィリアムソンによれば，取引コストは取引状況をめぐる不確実性，取引頻度，資産特殊性に依存して増減するものとされ，内部労働市場において企業内訓練により従業員が特殊な人的資産になればなるほど，異動や評価などの人的資源管理の場面において人事部とラインとの駆け引きが生じる機会が増え取引コストは高くなる。取引コストを節約するために様々なフォーマル・セミフォーマルな制度が形成されたり，戦略的行動が展開されたりすることが取引コスト理論の発想であることを鑑みると，人事部とラインとの間の人的資源管理の分担についても，取引コスト理論を分析のフレームワークとして用いることが適切ではないかと考える。

2　人事部とラインの「管轄争い」に関する作業仮説の構築

　本節では，取引コスト理論をベースに，第1章で整理した，日本的雇用慣

行の特徴を形づくる人的資源管理制度，その中でも代表的な，採用，人事異動，評価（人事考課・昇給・昇格）を取り上げ，その主な担い手として人事部集権が適当なのか，あるいはライン分権が適当なのか，言い換えれば，各人的資源管理の実施主体が何によって規定されるのか，について作業仮説の構築を試みる。人的資源管理制度における基本的な方針やしくみには複数の選択肢があり，その選択肢を念頭に入れながら検討することによって各人的資源管理制度と整合性のある人事部集権あるいはライン分権の在り方を理論的に明確にしたい。

2.1 作業仮説構築にあたっての考え方

作業仮説の構築に際し，次の通り整理を試みた。

最初に，日本的雇用慣行における中心的な制度とそれを取り巻く周辺的人的資源管理制度との補完関係について整理をしたい。本書は，先にも紹介した須田（2004）からヒントを得た，「人ベース（person-based）」である日本的雇用慣行における特徴的な人的資源管理諸制度を人事部集権による運用で支える日本型モデルと，「職務ベース（job-based）」であるアングロサクソン的雇用慣行における特徴的な人的資源管理諸制度をライン分権による運営で支えるアングロサクソン型モデルをベースに分析している。したがって，最初にすべきことは，このそれぞれの補完関係について理論的に整理することである。

そのうえで次にすべきことは，人的資源管理諸制度と人事部集権あるいはライン分権のいずれかを決定づける仮説を構築することである。

これにより，日本的雇用慣行・日本的人的資源管理諸制度・人事部集権運用とアングロサクソン的雇用慣行・アングロサクソン的人的資源管理諸制度・ライン分権運用それぞれが理論的に整理できることとなり，次の実証研究へ駒を進めることができるようになる。

2.2 日本的雇用慣行の中心的制度と周辺的制度の補完関係

人的資源管理を機能別に見てその制度内容や運用方針（たとえば，従業員

の採用や社内格付け基準の考え方）によって人事部あるいはラインのいずれがその実施主体になるのが取引コストを節約できるかという点について検討するにあたり，その前提として，日本的雇用慣行の中心的制度である人事異動と，その周辺に位置する人的資源管理制度の補完関係について整理しておく必要があろう。

そこでこの点について，取引コスト理論の鍵概念の1つである「資産特殊性」を取り上げ，具体的には資産特殊性の程度を「従業員の事業間流動性の程度」および「組織機能の独立性」[2]で表し，両者の組み合わせを用いて検討を試みたい。ここで「資産特殊性」を取り上げたのは，「人」を前提とする日本的雇用慣行において人，すなわち従業員は企業の共有財産であり，言い換えれば特定組織における特殊資産ではなく，これに対して「職務」を前提とするアングロサクソン的雇用慣行において従業員は特定組織の固有財産，すなわち特殊資産といえそうだからである。

ある組織内で代替が難しい人材ほど資産特殊性が高い人材といえ，この特殊資産を取引する場合には駆け引きなど高い取引コストが発生する。組織機能の独立性が高い（換言すれば，ある組織の経験を他の組織で活用できる程度が低い）場合には資産特殊性が高まるので，取引コストも高くなる。また，あ

---

[2]　ここで「従業員の事業間流動性の程度」および「組織機能の独立性」を指標として取り上げるのは，日本的雇用慣行の代表的な特徴の1つである人事異動の程度を代替しているという点でも意義がある。このとき，事業間流動性だけでなく，組織機能の独立性（部門内異動）をも含めているのは，日系企業とアングロサクソン系企業では，部門内異動に対する考え方も異なるからである。人事部を例にあげて説明すれば，外資系企業では人事職能における報酬制度企画（compensation and benefit）と教育（learning and development）は別スキルが求められるため両者ポジション間の人事異動はあまり多くないのに対し，日本企業では人事職能内の役割を横断的に経験させることが多い。また，ここで人事異動の程度を基本概念を用いて整理していることに対しては，人事異動は正規雇用者に適用する施策であって，非正規雇用が増加している今日にあっていまだ重要な概念なのかという議論があるかも知れない。ここで，主に正規雇用者に適用する人事異動を基本概念として整理したのは，次の理由による。1つは，本書のテーマは正規雇用者の人事権が人事部に一元化されている点から日本的雇用を分析することにあるため，非正規雇用者の増加は重要なテーマではあるが，本書の主要なイシューではないこと。もう1つは，加えて，非正規雇用の増加は確かに事実であるが，マジョリティではないことにある。非正規雇用がいまだマジョリティでない点については，総務省統計局の「労働力調査」（http://www.stat.go.jp/index.htm）を参照されたい。

る特定の事業に集中するほどその中で必要とされるスキルの幅は特定化されるので，資産は特殊化され，その枠を超える度合いが大きいほど大きな駆け引きが生じ，取引コストが大きくなる。企業はこうした取引コストを節約する人的資源管理制度やその運用を選好するであろう。

　企業内に複数の事業を持ち，かつその事業間で人的交流をすることが有効な企業では，個々の事業ごとに特化したスキルを持つ人材を集めるよりも，企業あるいはグループ全体として優秀な人材を保有し状況に応じて最適な配置を柔軟に実現できる体制にしておいた方が企業全体としてのコストは節約できる。したがって，新規学卒者採用を中心として仕事をさせながら適性を見極め，従業員の能力の伸長に沿って職務を設計し，特定の事業に特化しない基盤スキル[3]の向上を図る人的資源管理が適しているといえる。

　逆に単一事業，あるいは複数事業部制であっても事業間で人的交流することが有効ではない企業では，企業全体として優秀な人材を抱えておくよりも個々の事業ごとに最適な人材を配置した方がコストを節約できる。したがって，職務を明確化した人事制度を導入し，中途採用を中心とした専門的スキルの保有を重視する人的資源管理が適しているといえる（図3-1の縦軸がこれに相当する）。

　一方，企業内の組織機能の独立性が低い場合（換言すれば，ある部門の経験を他部門で活用できる程度が高い場合）には，部門や職能を超える異動によって幅広い経験を積む方が部門内だけで経験を積むよりもコストが節約できるため，職能を超えるローテーションが奨励されることになろう。そして，職能を超えるローテーションを行おうとすれば，ラインは機会主義的行動をとり，異動させたくない部下を囲い込もうとする。その際，ラインと人事部の情報の非対称性を利用して，異動をさせることができない様々な理由を示してそれを阻止しようとするため，人事部もそれに対抗する情報（粘着情報あ

---

[3]　本書でいう「基盤スキル」は，ここでは小池・猪木（編著）（2002）で触れられている「他の専門領域の理論と実際の要点をすばやく理解する力」，「当面の問題に関する事実を構成する推理力」，「不確かな人間行動を深読みする力」，「良識や直感に合うか否かの判断力」等の，個人特性の意味で用いている。

図3-1　日本的雇用慣行の中心的制度と周辺的制度の補完関係

事業（製品）間での従業員の流動性の程度　大↑↓小	・能力基準 ・職能内のローテーション ・仕事（形式的）情報が重要 ・新規学卒者採用中心 ・基盤スキル重視	・能力基準 ・職能を超えるローテーション ・粘着（暗黙的）情報が重要 ・新規学卒者採用中心 ・基盤スキル重視
	・職務基準 ・職能内のローテーション ・仕事（形式的）情報が重要 ・中途採用中心 ・職能固有スキル重視	・職務基準 ・職能を超えるローテーション ・粘着（暗黙的）情報が重要 ・中途採用中心 ・職能固有スキル重視

高い　←　組織機能の独立性　→　低い
（低い←　ある部門の経験を他部門で活用できる程度　→　高い）

出所：筆者作成。

るいは暗黙的情報[4]）を入手しラインを説得する必要がある。逆に，企業内の組織機能の独立性が高い場合（ある部門の経験を他部門で活用できる程度が低い場合）には，部門や職能を超える異動によって幅広い経験を積むよりも部門内や職能内で経験を積む方がコストは節約できるため職能内のローテーションが奨励されるであろう（図3-1の横軸がこれに相当する）。この場合，異動の判断は従事する仕事の出来不出来や適性になるため，仕事情報[5]の収集が重要となる。こうした考察を4象限にまとめると図3-1に示すようになる。

---

[4] 情報の粘着性とは，マサチューセッツ工科大学（MIT）のエリック・フォン・ヒッペル（Eric von Hippel）教授が提唱した概念といわれており，局所的に生成される情報をその場所から移転するのにどれだけコストがかかるかを表現する言葉である。そのコストが高いとき，粘着性が高いという。人的資源管理における粘着性の高い情報とは，履歴書や職務経歴書といった言語化された，容易に参照可能な情報ではなく，従業員を取り巻く家庭環境や従業員のモチベーション，キャリア志向，仕事上の得手不得手，人間関係の悩み等，多岐にわたる。

[5] 本書でいう「仕事情報」とは，仕事の内容，その仕事を遂行するために求められる知識・経験，適性などの情報をいう。

2.3 取引コストを節約するための人事部・ラインの分担
(1)採用
　一般的に，採用の選考基準は「基盤スキル」と「専門的スキル」に大別できる。機会主義的かつ限定合理性という人間の行動仮説に立てば，人事部が採用を行うならば候補者の専門的スキルを十分判定できなくとも基盤スキルさえ高いと判断すれば採用してしまう可能性があり，一方でラインが採用を行うならば候補者が十分な基盤スキルを備えていなくても専門的スキルさえ長けていれば採用してしまう可能性がある。場合によっては組織の全体最適が実現しない可能性があり，これを防止するためには取引コストが発生する。よって，専門的スキルよりも基盤スキルを重視する場合は人事部が採用を実施する方がコスト効率的であり，基盤スキルよりも専門的スキルを重視する場合はラインが採用を実施する方が取引コストを節約できる。

　このことから，従業員を採用する際にどの程度担当する仕事に求められるスキルを本人が保有しているかを重視する度合い，すなわち，仮説1「仕事と本人のスキルのマッチングの重要度が人的資源管理の実施主体を規定する（重要度が高い場合はラインが，そうでない場合は人事部が主体となる）」が導かれる。

　この仮説を，日本的雇用慣行に照らして解釈すれば，次の通りとなる。すなわち，これまでの日本的雇用慣行の特徴の1つである新規学卒者一括採用が人事部集権のもとに運用されていたのは，採用手続きの一括化による規模の経済性追求に加えて，採用後長期にわたってその人材を活用していくための，基盤スキル重視の採用であったがゆえの取引コスト節約という観点に基づいたものであった。したがって，今後，特定職種の専門性を備えた中途採用者の採用が増加してくれば，取引コスト節約の観点からいえばライン分権の動きが出てくるであろうし，また新規学卒者一括採用の慣行が残ったとしても，一部企業で見られるように，職種別に採用し，採用後もほぼ関連職種の中でのキャリアが見込まれているような場合には，同様の観点でライン分権の動きが出てくるものと予想される。

　さらに付け加えれば，従来規模の経済性追求という意味で人事部集権とし

ていた手続きの効率性については，ITシステムの進化や採用業務を請け負う専門企業の出現などによって代替されつつあり，この点からもライン分権に動きやすい環境になってきているとも考えられる。

(2) 人事異動

　職能を超える配置転換を行うことが企業にとって意味がある場合，現在保有している専門的スキルよりも基盤スキルの発揮度合いやその潜在能力，従業員のキャリア志向などの職場に粘着している個人情報が必要となる。人事異動をラインに委ねるとライン同士で駆け引きが生じるので，それを抑えるには人事部が従業員の個人情報を正しく入手し，使えるようにするコストが発生するものの，適切な配置転換ができなかった場合に生じる損失よりもそれが低ければ，人事部が人事異動の実施主体になることで取引コストが節約できる。一方，職能を超える配置転換を行うことが企業にとってさほど重要ではない場合，職能内異動が主流になり，そのためには当該職能についての経験やスキルの情報がより重要となる。この場合，同じ職能内のライン同士であれば当該従業員に対する情報の非対称性は少なく，駆け引きが生じにくいため取引コストは少なくて済む。また，人事部が従業員の当該職能における経験度合いやスキルの程度を理解できる程度はラインより劣るので，ラインに人事異動を委ねる方が取引コストを節約できる。

　このことから，仮説2「従業員の職務遂行状況や適性についての情報収集および理解の難易度[6]が人的資源管理の実施主体を規定する（人事部にとって難易度が高い場合はラインが，そうでない場合は人事部が主体となる）」が導かれる。

　これまでの日本企業は，長期にわたる雇用を維持するために，職能資格制度を導入して企業内で幅広く部門や職能を異動させ経験させてきた。そのために，その時々に保有する専門的スキルよりも，年齢・勤続・能力を基準として社員格付けおよび賃金決定を行ってきた。年齢や勤続といった基準は，

---

6) 本書でいう「難易度」とは，いくらコストや工数を費やしても入手できない，あるいは情報を入手できても内容が理解できない状態を「難易度が高い状態」としている。

情報を取得するコストが低く，集権的管理が容易であるため，その管理運用を人事部に集権し年次管理するのが効率的であったといえる。

　すでに見た通り，職能資格制度と職務等級制度の中間的性格を持つ役割等級制度の導入が拡大しつつある。同時に，職能資格制度を維持している大多数の企業においても，職能資格制度の枠組みの中で，年功的な性格を弱め，成果主義的な要素を取り入れつつある（宮本 2009；三谷 2010 など）。これらの動きは，人事部による情報収集コストを高めるため，人事部集権からライン分権へ移行する引き金になりうる。

(3)評価（人事考課・昇給・昇格）

　一般的に，今日の日本企業が採用している人事制度のタイプは職能資格制度と職務等級制度，そしてその中間的性格を持つ役割等級制度に大別される。ここでは制度の対比を明確にするために，職能資格制度と職務等級制度を取り上げて話を進める。

　職能資格制度は過去から蓄積されてきた職務遂行能力に基づいて従業員の格付けが決定するしくみであり，担当職務の内容が変わっても降格することがなく，組織内の職務定義が曖昧であっても運用が可能で，従業員に様々な職務を経験させやすい。全社に共通した基準で従業員の格付けがなされるため，基盤スキルが相対的に重視され，よって，多角化[7]された事業全体を視野に入れて人材活用を行う場合に採用されやすい。能力という人の属性・要素で従業員の格付けや報酬が決まることから，一般的に「人基準」の人事制度に分類される。これに対して職務等級制度は，現在の職務価値に基づいて従業員の格付けが決定するしくみであり，職務が変わると賃金も変わるため，職務を超えた異動はさせにくい。また，職務の定義を明確にしておく必要性が高く，特定の職務において高い専門的スキルを備えた人材を活用する場合に有利である。仕事という職務価値で従業員の格付けや報酬が決まることから，一般的に「仕事基準」の人事制度に分類される。

7）　本書でいう「多角化」とは，一般に用いられる製品群の広がりだけではなく，企業あるいはグループ全体として従業員の異動対象となる子会社・関連会社の数の広がりを念頭に置いている。

機会主義的かつ限定合理性という人間の行動仮説に立てば，評価にあたっては自分が関心を持ち，かつ自分が判定できる箇所についての評価に偏った判断になる可能性がある。たとえば人事部が評価を行うならば従業員が持つ専門的スキルは評価が難しいため基盤スキルの評価に偏ってしまう可能性があり，また，各部門の事情よりも会社全体の事情を優先した評価を行うであろう。一方，ラインが評価を行うならば従業員の基盤スキルよりも自部署に直接的に利益をもたらすことが期待できる専門的スキルを保有している従業員ほど高い評価をする可能性があり，また短期的な成果を念頭に置いた評価になるかも知れない。それにより人材配置の全社最適化が実現しない可能性があり，これを防止するためには，情報の収集や共有，駆け引きの防止など高い取引コストが発生する。よって，専門的スキルよりも基盤スキルを相対的に重視する職能資格制度のような「人基準」の人的資源管理を志向する場合は人事部の評価への介入を高め，逆に基盤スキルよりも専門的スキルを重視する職務等級制度のような「仕事基準」の人的資源管理を志向する場合はラインが評価の実施主体になる方が取引コストを節約できる。

こうした分析から，仮説3「人事制度のタイプが人的資源管理の実施主体を規定する（「仕事基準」の場合はラインが，「人基準」の場合は人事部が主体となる）」が導かれる。

ところで，その導入が拡大しつつあるといわれる役割等級制度については，「人基準」であるという見方が多い（平野 2006；宮本 2009；三谷 2010 ほか）。したがって，上記仮説が正しければ，人事部主体となるはずである。しかしその人事部主体の度合いは，役割等級制度が持つ，職能資格制度と職務等級制度の中間的性格がゆえに，理論的には，人事部集権とライン分権が混在した形になる可能性もあり，この点は今後の事例調査で明らかにしていきたい。

3　人事部とラインの「管轄争い」に関する作業仮説

3.1　作業仮説

以上で考察した作業仮説を再度まとめると以下の通りとなる。

仮説 1. 仕事と本人のスキルのマッチングの重要度が人的資源管理の実施主体を規定する（重要度が高い場合はラインが，そうでない場合は人事部が主体となる）。

仮説 2. 従業員の職務遂行状況や適性についての情報収集および理解の難易度が人的資源管理の実施主体を規定する（人事部にとって難易度が高い場合はラインが，そうでない場合は人事部が主体となる）。

仮説 3. 人事制度のタイプが人的資源管理の実施主体を規定する（「仕事基準」の場合はラインが，「人基準」の場合は人事部が主体となる）。

3.2　人事部の特徴

　先に分類した図3-1の4象限と作業仮説を組み合わせると，各象限に応答する形で人事部の在り方が特徴づけられる。これを図3-2に示す。第1象限は「人事部権限集中型」であり，人的資源管理制度のほとんどについて人事部に権限を集中し，制度の運用や意思決定に強い権限・関与を持つ。対照的に第3象限は「ライン分権型」であり，人的資源管理制度運用の多くがラインに分権され，ラインがその運用や意思決定に強く関与する。第2象限は「人事部介入型」であり，ラインが人的資源管理制度の運用主体となりながらも，一部の人的資源管理制度運用については人事部が強く関与する。また第4象限は今回の事例調査では見られなかったが，「ライン介入型」であり，人事部が人的資源管理制度運用の主体となりながらも，一部の人的資源管理制度運用についてはラインが強く関与する。

　こうした人事部の特徴についても，取引コスト節約の点から説明してみよう。

　まず採用であるが，採用候補者の選定の際，候補者の人となりの情報は人事部に偏在し，仕事情報はラインに偏在する。採用方針をめぐっても，人事部は長期にわたる雇用関係を通して企業への貢献を期待するかも知れない，ラインは，いわゆる即戦力としての価値を重視するかも知れない。そこで，専門的スキルよりも基盤スキルを重視する場合，典型的には新規学卒採用や，ポテンシャル採用[8)]といった場合は，人事部がその採用を主導する方がコス

図3-2　象限ごとの人事部の特徴

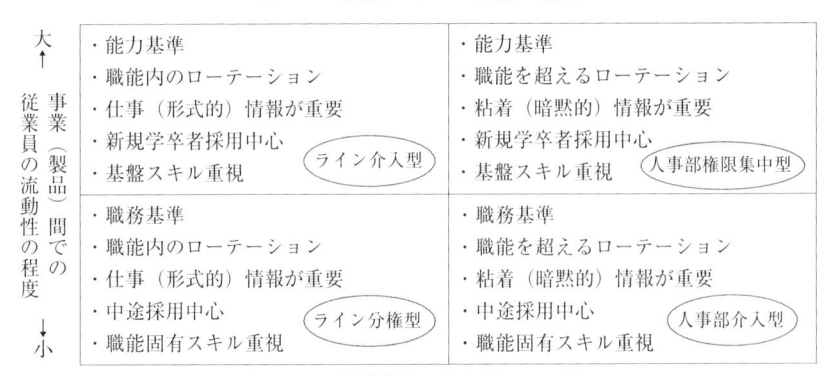

	組織機能の独立性：高い	組織機能の独立性：低い
事業（製品）間での従業員の流動性の程度：大	・能力基準 ・職能内のローテーション ・仕事（形式的）情報が重要 ・新規学卒者採用中心 ・基盤スキル重視　（ライン介入型）	・能力基準 ・職能を超えるローテーション ・粘着（暗黙的）情報が重要 ・新規学卒者採用中心 ・基盤スキル重視　（人事部権限集中型）
事業（製品）間での従業員の流動性の程度：小	・職務基準 ・職能内のローテーション ・仕事（形式的）情報が重要 ・中途採用中心 ・職能固有スキル重視　（ライン分権型）	・職務基準 ・職能を超えるローテーション ・粘着（暗黙的）情報が重要 ・中途採用中心 ・職能固有スキル重視　（人事部介入型）

高い　←　組織機能の独立性　→　低い
（低い←　ある部門の経験を他部門で活用できる程度　→　高い）

出所：筆者作成。

トは低くなるので，人事部の型としては「人事部権限集中型」が適しているといえる。反対に，基盤スキルよりも専門的スキルを重視する場合，典型的には中途採用や，新卒であっても特定職種への適性や能力を重視して採用する場合は，仕事情報を多く持つラインがその採用を主導する方がコストは低くなるので，人事部の型としては「ライン分権型」が適しているといえる。

　人事異動に関しては，次の通り整理できる。人事異動の際に生じる，人事部とラインとの駆け引き行動がもたらすコストは，短期的な部門業績を支えるために優秀な人材を抱え込むコストが代表的なものであるが，その他にも，将来的には全社を管轄するジェネラルマネジメントになりうるかも知れないのに，ラインが専門性を高めるための教育投資に偏ってしまう結果，全社的視点に立った人材の育成ができない，という場合にも生じる。また人事異動の場においても，採用で見たのと同じような，情報の非対称性コストが発生する。すなわち，異動候補者の選定の際，候補者の人となりの情報は人事部

---

8)　ポテンシャル採用とは，新規学卒者だけでなく，新規学卒者として企業に入社して2年から3年のうちに退職した，社会人経験がまだ浅い若年労働者（一般に「第二新卒」を採用することを指す。

に偏在し，仕事情報はラインに偏在する．異動方針をめぐっても，人事部は異動候補者に対して長期にわたる企業への貢献を期待するかも知れないが，ラインは，短期の成果を重視するかも知れない．そこで，職能を超えた異動が企業にとって重要であるならば，専門的スキルよりも基盤スキルを重視する方が長期的なコストは低くなるので，典型的には新規学卒採用後に多様な経験をさせるためのローテーションや，早期選抜者を比較的短期の間に複数の職能を経験させる場合などは，人事部がその異動を主導する方がコストは低くなるので，人事部の型としては「人事部権限集中型」が適しているといえる．反対に，基盤スキルよりも専門的スキルを重視する場合，具体的には特定職能の専門力の向上を期待しての異動や，短期間でキャッチアップし，十分な専門性を身につけることを期待しているような異動の場合は，仕事情報を多く持つラインがその異動を主導する方がコストは低くなるので，人事部の型としては「ライン分権型」が適しているといえる．

　評価，すなわち人事考課，昇給，昇格についてはどのような人事部の在り方が適しているといえるだろうか．この点を検討するにあたって考慮すべき取引コストには，駆け引き行動がもたらすコストがある．たとえば管理職に対する評価を例にあげれば，一般に管理職には，組織をまとめあげる管理能力とプレーイングマネージャーとして担当する仕事で実績をあげる仕事能力の両方が求められる．組織をまとめあげる能力は，その成果が数値化しにくいということもあり，ラインは管理能力よりも仕事で高い実績をあげることができる仕事能力の方を高く評価するかも知れない．一方で人事部は，仕事情報ならびにその仕事で高い成果をあげるための仕事能力を評価することは難しいので，管理能力を評価するかも知れない．ここで，評価の際に駆け引きが生じる．こうした管理能力と仕事能力を評価する際には，情報の非対称性コストも生じる．人事部は，仕事能力を正しく評価する情報を持っていないことが多く，ラインは管理能力の高低，成否を判断することは必ずしも得意ではない場合が多い．公平感の確保に伴うコストもある．これはどの程度の期間で従業員の貢献と会社がそれに対して支払う投資をペイ（精算）できるかという視点の違いによる．人事部は長期にわたる雇用期間を通じて投資

の精算を図りたいと考え，ラインは短期で元をとりたい，と考える傾向にある。したがって，これまで先行研究で見てきたような日本的雇用慣行，すなわち，新規学卒採用と長期雇用を根幹とし，職能資格制度を採用して年齢・勤続・能力を基準とした社員格付けおよび賃金決定を行い，企業内で幅広く部門や職能を異動させることによって，同一年次の従業員の昇格格差を長期間にわたりゆるやかに拡大しながら管理職への選抜を行うような日本的雇用慣行下では，制度運営において長期にわたる全社公平性を保つことが必要になるので，人事部の特徴としては「人事部権限集中型」が適しているといえる。反対に，職務価値を重視し，その専門性がもたらす短期的な成果を評価の基準とするような人事制度のもとでは，人事部の特徴としては「ライン分権型」が適しているといえよう。

3.3　作業仮説と雇用慣行との関係

本節の最後として，もしもこれらの仮説がその通りであると検証されたならば，それは本書のテーマである日本的雇用慣行の変化の考察と，どのようにつながるのかについて説明してみたい。

これまでなされてきた日本的雇用慣行に関する議論を振り返ると，新規学卒者一括採用と長期雇用制を前提とし，それを支えるしくみとして，年功賃金，遅い昇進などに示される年次管理を日本の雇用慣行の特徴として捉えていると見ることができた。

すでに見たように，八代（充）（2011a）は，職能資格制度による年齢・勤続・能力を基準とした社員格付けおよび賃金決定，企業内で幅広く部門や職能を異動させながら同一年次の従業員の昇格格差を長期間にわたりゆるやかに拡大しながら管理職への選抜を行う日本企業の人的資源管理のしくみは，新規学卒採用と長期雇用という前提において最大多数の従業員のモチベーションを長期間維持するうえで合理的であると説明した。

青木（1989）はこれを「日本企業は全社的見地からの系統的な人員管理と人材育成とによって，組織としての統合性を維持している」と説明し，具体的には，組織の統合性を維持するために，企業は採用活動を集中的に取り扱

い，従業員に関するファイルを保ち，さまざまな作業単位間の従業員の定期的な移動を決定し，企業内訓練プログラムを実施してきたとし，この一連の活動に一貫性を持たせるため，企業は人事部に権限を集権させるのが合理的であったと指摘した。

これは須田（2010）の日本的人的資源管理と人事部による集権的管理が補完関係にあるという指摘と同一趣旨のものといえる。

このように，これまで日本企業は従業員個々の特定職務に対する専門性への適性を重視する以上に様々な作業単位間の長期間にわたる職務拡大を重視してきた。すなわち，仕事と本人のスキルのマッチングの重要度よりも，短期的に見ればたとえ仕事と本人のスキルのマッチングが多少ずれていたとしても，長期的に企業が従業員を雇用することを前提として配置転換を人事部集権のもとに行う，これが今日までの日本的雇用慣行の特徴である。そこで，今後の実証調査によって確認すべき点を端的に示すならば，「日本的雇用慣行と人事部による集権的管理」の補完関係が維持されているのかどうか，であり，それを人事部とラインの関係から観察するのが，本書のアプローチである。

今回設定した仮説1「仕事と本人のスキルのマッチングの重要度が人的資源管理の実施主体を規定する（重要度が高い場合はラインが，そうでない場合は人事部が主体となる）」に関し，調査対象とする日本企業が，仕事と本人のスキルのマッチングをさほど重要視しておらず，その結果人的資源管理の主体が人事部にあるならば，日本的雇用慣行に変化は見られないと捉えるべきであろう。

仮説2「従業員の職務遂行状況や適性についての情報収集および理解の難易度が人的資源管理の実施主体を規定する（人事部にとって難易度が高い場合はラインが，そうでない場合は人事部が主体となる）」についても同様である。従来日本企業は，人事部が従業員に関するファイルを保ち，それに基づいて定期的な人事異動や企業内プログラムを実施してきた。調査対象企業の人事部が依然として従業員に関する情報，特に，生年月日や入社日，学歴などの簡単に入手でき言語化できる以上の情報を収集しているならば，それは人事

部主体のもと人事異動や教育訓練を行ってきた従来の日本的雇用慣行に変化がないと見ることができよう。

繰り返しになるが，職能資格制度による年齢・勤続・能力を基準とした社員格付けおよび賃金決定は，企業内で幅広く部門や職能を異動させながら同一年次の従業員の昇格格差を長期間にわたりゆるやかに拡大しながら管理職への選抜を行う日本企業の人的資源管理のしくみを支えるにあたって合理的な制度であり，そのために人事部が全社的見地で企業内公平性を担保する必要があった。採用仮説3「人事制度のタイプが人的資源管理の実施主体を規定する（「仕事基準」の場合はラインが，「人基準」の場合は人事部が主体となる）」において，調査対象日本企業が依然として職能資格制度あるいは役割等級制度を採用し，人事部がその運用主体となっていることが確認されたならば，これも従来の日本的雇用慣行に変化がないことを支持する結果と見るべきであろう。

4　調査方法

本書で設定した仮説を検証するのための調査方法として，事例調査と郵送質問紙調査を併用することとする。

事例調査という手法を用いたのは，組織内の文脈やプロセスに対する深い理解が得られ，因果関係についてより分析的に把握するためには定性調査が不可欠であり，調査対象に対して詳細に全体像をつかむのに適切な方法であるからである（たとえば，小池 2000；須田 2004）。また，本調査が，人的資源管理制度の運用に関する調査であることも，事例調査という手法を最初に選択した大きな理由である。なぜならば，一般的に，人的資源管理制度は必ずしも企業がその設計段階で意図した通りに運用されない場合が珍しくない。たとえば，職能資格制度に成果主義的要素を加えた役割等級制度を導入し，制度上は組織内での役割変化に応じて社員格付けの下方修正（降格）や賃金の見直しが行われるような制度にしたとしても，実態としてはそのような運用はなされずに，職能資格制度当時の運用のままというケースである。こう

した運用の実態は，企業が導入している人的資源管理制度の種類を尋ねるだけでは把握することが難しく，企業の現場でどのように運用され，何が生じているかを丁寧に観察することによってはじめて実態が見えてくるのである。さらに重要な理由は，本書が理論的枠組みとして採用した取引コスト理論に関係している。すでに見たように，たとえば人事異動において人事部とラインの駆け引きが生じる理由は，職場に粘着している個人情報の非対称性からもたらされるものである。それゆえ調査によって，そうした粘着情報への人事部の対処方法についても把握したかったのだが，そもそも粘着情報とは言語化しにくい情報であるため，それについて直接言語で問うのではなく，職場で生じている1つの事象の実態から深掘りしていくことによって全体像を把握する事例研究が望ましいと考えた。

　本書において事例調査に加えて郵送質問紙調査という手法を用いたのは，マンジョーニ（Mangione 1995）や林（2006）にあるように，地域的に広く散在する多数の調査対象者をカバーしやすく，応答者が必要により情報を調査したうえで回答でき，単なる聴覚による情報提供ではなく視覚による情報提供ができるといった長所を持つ手法だからである。

　すなわちここでは，サンダースほか（Sanders et al. 2014）にあるように，相互の調査方法の強み・弱みを補完し合い，より確かな調査結果を得ることを期待したのである。

第4章

第1回事例調査（2006年〜2008年）
――人的資源管理における人事部とラインそれぞれの「管轄」

1　事例調査の目的

　本章では，作業仮説を検証するために実施した，事例調査の結果を検討する。

　なお，調査の対象は，日本企業のみならずアメリカ企業も対象とした。ここでアメリカ企業までを対象とした理由は，これまで見てきたような，人事部への集権によって人的資源管理制度の整合化が図られている日本的雇用慣行と，ラインへの分権によって制度的整合性が図られているアングロサクソン的雇用慣行という図式を前提にすれば，日本企業だけでなく，日本においても基本的にはアングロサクソン型の人的資源管理制度が用いられているであろうアメリカ企業の人事部について検討することが，今後の日本的雇用慣行の変化を考察するうえで必要であると考えたからである。

2　事例調査対象企業の選定

　調査対象は従業員数1,000人以上の企業11社（日系医薬2社，米系医薬2社，日系電機2社，米系電機2社，日系金融1社，米系金融1社，日系流通1社）の人事担当者（部課長クラス以上）である。

産業の選定にあたっては，国際競争の程度や製品・サービスおよび顧客の類似性の観点から，最も国際競争が激しく技術や顧客からの要請が企業間で類似しているといわれる産業の1つである電機，国内外での企業再編が進行しつつある医薬，相対的に国内顧客志向が強いと思われる金融，流通を調査対象として選択することにより，産業が企業の人的資源管理施策および人事部の役割へ与える影響を減らした。

　こうして選定した各産業に対して2企業以上の事例調査（内部資料，聞き取り等）を試みたが，唯一流通産業においては同業態同規模のアメリカ企業が国内になかったため，日系企業のみの調査となった。しかしながら，2つ以上の産業に対して複数企業の調査を実施しており，replication logic（Yin 1994）という理論的アプローチによる一般化の条件を満たしている。

　個別企業の選定については，次の考えで選定を行った。最初に，先行研究（八代（充）1992）ですでに調査が実施された国内大企業を選定した。八代（充）がこの研究調査を実施してから相当の年数が経過するが，過去と同内容の調査を盛り込むことにより，その後の環境変化に対して企業がどのように対応してきたのか，何が普遍的な事柄なのかをを確認することができると考えた。この観点で選択したのが，日系電機M，日系流通Iである。先行研究ではこの2社のほかにも企業が調査されていたが，それらの企業は後年企業合併を行い，同一企業として時系列的に比較するには適当でないと判断し，調査対象から除外した。

　次に，資本国籍による影響をコントロールするために，この2社が属する業種のアメリカ国籍企業を選択した。なお，アメリカの大企業の本社人事では日本の置かれた特有の環境（たとえば労働組合への対応など）を反映した組織には必ずしもなっていないと考えられるため，その日本法人における人事部を対象とした。残念ながら，日系流通Iは百貨店という業態であり，この業態で日本に進出しているアメリカの大企業がなかったので，この観点で選択したのは日系電機Mに対応させる意味での，米系電機Bと米系電機Hとなった。その他の産業からは，一般的に各産業の中から代表的であるといわれる企業を選定した。

3　調査企業の概要

　以下に，調査企業の概要を示す。なお，会社の概要，組織構造，人事部の状況はいずれも調査当時のものである。

日系電機 M

①会社の概要

　総合電機大手。製品分野は充電システム，産業メカトロニクス，情報通信システム，電子デバイス，家庭電器など，あらゆる分野にわたる。200 社近い連結子会社・持分法適用関連会社を中心に構成される企業グループ。

②組織構造

　収支決算の基本的経営単位は製品群ごとの事業本部にある，事業別組織構造。事業本部は，製品やサービスごとにくくられた事業部と支社および製作所（複数の工場からなる）で構成されている。事業部は販売責任と製造責任を負っており，製作所は製造コスト責任と事業責任を負っている。製作所は内部市場の中で複数の事業部と企業内取引を行い，製品の開発組織も抱えている。同社事業部制の特徴は，事業本部，事業部，製作所の各レベルとも損益責任を負う構造になっている点である。

③人事部

　本社人事部のほか，各事業本部内の業務部に在籍する人事担当，各製作所の総務部に属する人事担当が人的資源管理の運用に携わっている。

　本社人事部は，人事制度の作成や採用計画の立案を行う人事企画グループ，海外子会社の人事労務管理全般を担当する国際人事グループ，「次世代育成支援」と「女性の積極的活用」を担当する CP-Plan（Career Management and Personal Life well-balanced Plan）推進センター，採用グループ，人事システム全般の管理・運用を担当する人事 IT 企画グループ，組合対応窓口および福利厚生全般を担当する労政福祉グループ，労働災害やメンタル疾患の予防対

応を中心とする安全衛生グループ，テロ・天災・有事対応を行う海外安全対策推進センター，健康増進センター，社内研修を総合的に企画・運営する人材開発センターで構成されている。これに加え同社でユニークなのは，「コーディネーター」と呼ばれる人事部長直轄のスタッフが通常2～3人配置されている点である。通常，3人のうち1人は技術部門から，1人は営業部門から，1人はその他からの短期異動者である。これは同社におけるキャリアパスの1つとなっており，1～3年他職種から人事部に異動し，他職種の視点から人事部へアドバイスを行う。

各事業本部内の業務部に属する人事担当は，事業本部ごとに1人か2人程度配置されている。彼らの所属は人事部ではなく，事業本部である。彼らは，本社人事部が作成した人事制度を事業本部の事情に合わせて修正したり，担当事業本部内の人員計画ならびに人事異動の立案を行う。各製作所の総務部人事課に属する人事担当も，所属は人事部ではなく製作所に属する。彼らの担当は，人事考課の査定，課長への昇格人事のサポート，工場内組織再編，製作所内の異動配置・労政・採用・研修全般・人事制度企画である。

日系電機 N

①会社の概要

携帯電話等の民生機器から，携帯電話基地局，テレビジョン放送設備，船舶無線，航空無線，宇宙通信等の大型機器まで，幅広いコンピュータ製品を主力事業としている。300社を超える連結子会社と約60社の持分法適用関連会社を擁する企業グループ。

②組織構造

事業部制。本体は，9の国内営業ユニットとITサービス，プラットフォームビジネスなど5つのビジネスユニットおよびスタッフから構成。

③人事部

人事部の構成は次の通りである。まず本社人事部の機能として，企画本部，

採用グループ，労政グループ，業務グループ，人材開発グループ，部門担当人事部がある。このうち企画本部は，人事制度の設計，評価制度の設計および導入，昇給の事務を行う。採用グループは新規学卒者採用および中途採用を担当し，労政グループは労働組合の窓口，業務グループは不動産管理・オフィス管理・セキュリティ・健康管理センター・警備・福利厚生を担当する。人材開発グループは，主に階層別教育，コミュニケーション研修など全部門に共通する教育プログラムについて自社内でプログラムを開発・実施するか，外部研修を利用するかについて検討し，自社で実施するものについては概要設計を行い，社内外向け教育を専門とする子会社に引き継ぐ。

　部門担当人事部は，担当する事業部門の戦略に合わせて人事制度の企画導入を本社人事部の企画本部とともに，あるいは独自で実施するほか，個別労務，その他担当部門に所属するラインの人事労務管理全般をサポートする。

　上記のほか，事業部に所属する人事担当（以後，「事業部人事担当」という）がいる。「事業部人事担当」は人事の専門家ではなく事業部の出身者であり，人事部よりもラインに近い存在といえる。

日系医薬 E
①会社の概要
　国内製薬メーカー。売上高に占める自社開発品の比率が非常に高いのが特徴。また，海外での売上比率も全売上高の過半数超と多い。国内に3カ所，海外に3カ所の主要研究所を持ち，国内外に約40の子会社・関連会社を持つ。

②組織構造
　日本事業本部が医薬事業部と薬粧事業部に分かれているが，組織全体としては機能別組織に近い。

③人事部
　人的資源管理制度の運用は，「人事部」と「知創部」の2部門で分担されている。人事部は，人事グループ（評価，人事異動，昇格），労務グループ

（組合交渉，育児支援制度），給与グループ（給与計算，人件費作成および実績集計），採用グループ（全社の採用戦略立案），福利厚生センター（従来各支店で個別に行っていた事務処理を統合。人事関連の申請受付，各種手続き実施，社宅管理，社会保険，安全衛生，退職時のサポートを行う）で構成されている。「知創部」というのは，階層別教育など全社共通の研修実施と企業ビジョンの浸透などを担当する，他社でいうところの人材開発部門に近い役割を有する。

また，各本部に設置されている企画推進部内にも人事担当者が配置され，本部内の異動，専門研修，評価事務局，採用を担当している。たとえば評価制度見直し等の大きな取り組みが生じた場合は，人事担当役員リードのもと，人事内部にプロジェクトチームを結成し，人事部内各グループが協力しながら進めるというやり方をしている。

日系医薬S
①会社の概要

主に眼科向け・大衆向けの目薬，眼科薬，点眼薬などを製造・販売している製薬会社。医療用眼科薬事業を中心に，日米欧の3極で臨床開発・販売体制を構築している。関連会社は国内1社，海外9社。

②組織構造

同社は，医療用眼科薬，抗リウマチ薬，一般用医薬品，医療機器の4つの事業分野を持つが，主力である医療用眼科薬事業だけで売上高の約8割を占める事業構造となっており，実態は機能別組織に近い。

③人事部

同社では人的資源管理制度の運用を，人事グループ，業務本部，戦略企画室の3つの組織で分担している。

人事グループは，各種人的資源管理制度の企画，採用・研修（全社教育，派遣教育，新人教育，内定者管理），労務（労政，就業規則作成，組合対策，時間外管理，賞罰）を担当するほか，研究開発本部と医薬事業部，生産物流本

部以外の部門における人的資源管理制度の導入方針の決定および運用，日常的に発生する人事関連事項の対応，人事考課調整（組織の長に対する考課分布状況の情報提供や助言，考課点数の配分についての助言），各部門での部門研修の企画実施，派遣社員の面接設定などを行っている。同社の人事部員は，たとえば全社の採用・研修の企画を担当しながら，ある特定部門の人事サポートを担当する。

業務本部では，給与計算，福利厚生手続き，社会保険手続き，慶弔手続き，保養所管理，派遣社員の管理・更新など全部門にまたがるルーチン業務を担当している。

戦略企画室はいわゆる部門担当人事として，研究開発本部と医薬事業部（営業組織），生産物流本部（生産組織）における，人的資源管理制度の立案および導入，日常発生する労務問題の対応などを行っており，基本的には人事グループが持つ部門担当人事機能と同一である。同社ではもともと研究開発本部の人的資源管理を担当する担当者が戦略企画室ならびに本部内の複数の部署に存在しており，現在はそれを集約して戦略企画室長の傘下に置いている。

日系金融D
①会社の概要

大手生命保険会社。個人・法人を対象とした生命保険・生命年金の開発・引き受け・販売を行う。国内外に，投資信託業，投資顧問業，IT管理，経済研究所，施設管理等，35を超える関連企業・団体がある。

②組織構造

地域別・顧客別の営業組織を中心に，国内に100を超える支社，1,600にも及ぶ支部がある。商品開発部門や業務・サービス部門，コンサルティング部門，管理部門などからなるが，同社本体は機能別の組織に近い構成になっている。

③人事部

　同社の人事部は，人的資源管理制度の立案と人件費予算の作成を担当する人事企画課，階層別教育などの全社教育プログラムを立案する人材開発課および人事課の3組織から構成されている。人事課は，各部の部門人事を担当する。具体的な仕事としては，担当部門に属する従業員の育成計画やローテーションプランを立案する。

日系流通 I
①会社の概要

　1886年創業の呉服店系百貨店。全国に関連会社を含め12店舗展開し，本店が売り上げの6割を占める。百貨店事業（直営6店舗，国内関連会社5社・7店舗，海外15社・13店舗）を中核に，クレジット・金融業，小売・専門店業，その他36社のグループ会社で構成されている。

②組織構造

　経営企画部，総務部，経理部，人事部，外商統括部，国内関係会社統括部，海外統括部の7部に再編されている，機能別組織構造である。約4,000人の正規従業員数のほかに，店頭販売を主業務とする契約社員を約750人，短時間勤務の契約社員を約3,000人擁しているのが，組織上の特徴である。

③人事部

　本社人事部の中に労務担当と人事キャリア担当が置かれ，人事キャリア担当はさらに人事企画担当と人事異動担当，人材開発担当および採用担当に分かれている。労務担当は，労働協約・就業規則の維持管理，全社的な勤務時間の計画と管理，勤務関連についての労組との折衝，人件費の管理，給与の支給，社会保険・住民税などの管理，福利厚生業務の計画と管理を担当する。

　人事企画担当は，企業全体の年度，中長期の人事計画の立案，部内の調整・支援，人事制度企画・導入，労働条件面での労働組合との折衝，人事制度を改定する際のプロジェクトの事務局を担当する。人事異動担当は，全社

的な要員配置の計画と実施，人件費予算の調整，人事異動の調整，全社的な人事考課の計画，自己申告書の収集・整理，従業員のキャリア管理，一般的な人事の各種届出業務の管理を担当する。

人材開発担当は，全社的な教育計画と実施，現場でのOJT支援を担当しているが，全社的な教育のうちの一部は別会社を設立してその実施を移管している。採用担当は，正規従業員の採用計画の立案である。採用活動そのものや事務手続きは子会社に移管されている。

米系電機B
①会社の概要

アメリカに本社のあるIT大手。主な事業内容は，汎用コンピュータ・システム，サーバー，ワークステーション，ストレージ，プリンターなどのハードウェアおよびソフトウェアの開発・製造・販売，システムインテグレーション，コンサルティングなどのサービス事業。日本においても子会社（100％出資）を18社持ち，情報システムの企画・設計・開発・保守，コンピュータソフトウェアの開発・保守などを行っている。その他関連会社は，70社を超える。

②組織構造

事業部制組織を採用しており，各ビジネスユニットの独立性が高い。各ビジネスユニット内でも，地域別，製品・サービス別，業種別のマトリクス組織のためレポートラインが複雑である。

③人事部

人事部の組織は，人事企画担当，給与・福利・関連事業人事担当，人材開発担当，労務担当，ビジネスユニット人事担当で構成されているが，人事部とは別に人事労務関係のオペレーション業務を担当するBTO（Business Transformation Outsourcing）という組織がある。人事企画担当は，タレントマネジメント（talent management），スタッフィング（staffing，採用方法の企画，

部門からの採用人数の収集，採用活動スケジュールの設計，媒体の選択など），ダイバーシティ（diversity）を担当する。給与・福利・関連事業人事担当は，報酬制度，福利厚生制度のベンチマーク，内容決定，新規導入，健康保険組合を担当する。人材開発担当は，階層別など全社教育，キャリア教育を中心に，アメリカ本社の方針を受けて基本設計や導入計画を立案する。労務担当は，少数組合の対応（同社には労働組合はなく，一部の従業員が自主的に外部労働組合に参加している），就業規則の管理，賞罰管理，労働基準監督署の対応，労務全般を担当する。ビジネスユニット人事担当は，本社系担当と，BTO担当，エンジニア系部門担当，研究開発組織担当などに分かれ，各ビジネスユニットの人事労務管理をサポートする。

　BTOという組織は，前述の通り，人事部の一部ではなく，1つのビジネスユニットになっており，同社を顧客として同社の子会社およびマニラと中国にあるアメリカ本社直轄の事務センターで人事業務を担当している。マニラでは給与計算業務，海外赴任手続き，各種経費精算を担当し，中国では採用者情報などの人事データを同社の社内システムに入力する作業を担当している。なおマニラや中国のBTOセンターでは同社だけでなく顧客企業の人事業務処理も実施している。BTOとともに人事業務を担当する同社の子会社は，同社の人事サービス子会社と同社の研修サービス子会社が統合して誕生したものである。ここでは，福利厚生，社会保険，配属，退職，各種研修の申込受付や参加連絡などの人事関連業務を担当している。これら2つの組織・子会社には，同社の人事部が業務の発注の見積もりを行い，見積もり提示を受け，正式に受注という流れを経る。

米系電機H
①会社の概要

　アメリカに本社のあるIT大手。コンピュータ機器，コンピュータ・システム，コンピュータ周辺機器，ソフトウェア製品の開発・製造・輸入・販売・リース・レンタルおよびサポートを行う。日本における子会社は，100％出資の日本法人1社だけである。

②組織構造

　ハードウェア，ソフトウェア，サービスビジネスなど製品・サービス群ごとの事業部制を導入している。アメリカ本社・アジア地域本社・国内法人が垂直統合されており，各事業部の独立性が高い。管理部門は基本的にすべての事業部門をサポートするが，管理部門の各組織（人事部や経理部門など）もアメリカ本社・アジア地域本社・国内法人のラインでオペレーションが垂直統合されている。

③人事部

　人事部の組織は，全社共通の人的資源管理制度について各部門への導入支援を担当する部門担当人事，賃金制度，就業制度，福利厚生制度の企画，組合交渉を担当する人事企画部，給与データ作成および各種人事関連業務，人事関連のITシステムの導入を担当する人事業務部，新規学卒者採用および中途採用の採用方法の企画と実施を担当する採用部，人材開発部の各部と，人事部の活動に関わる同社の情報を，広報部と連携しながら従業員および社外のメディアに発信する人事コミュニケーション担当と，障害者雇用・活用と女性登用について企画・実施するダイバーシティ推進担当から構成されている。

　同社の人事部の特徴は，上司部下関係（reporting relationship）にある。部門担当人事部以外の部は，その直属上司が日本の人事部長ではなく，アジア地域を統括する人事部に属する各人事機能の責任者となる。たとえば，日本の人事企画部長は，アジア地域を統括する人事企画部長との間で上司部下関係が生じる。このとき，日本の人事部長は，自分に対して直接的な上司部下関係がない人事部員の世話役（hosting manager）となり，日本法人の人事部としてとりまとめる必要がある案件についての調整や日本国内において日々発生する承認など事務手続きを行う。

　人事業務部は，国内の組織図では人事部に含めているが，アメリカ本社から見れば人事部に属さない，人事関連・経理関連その他の手続きを中心としたサービスを提供する，独立した組織としてくくられている。

米系医薬 M

①会社の概要

アメリカに本社を持つ医薬品大手企業。本社はアメリカ合衆国・ニュージャージー州。日本法人は，医療用医薬品およびワクチンの研究開発（基礎研究ならびに臨床研究）・生産・営業およびマーケティングを担当し，循環器系薬剤，抗炎症薬剤，抗生物質薬剤に強い。

②組織構造

営業部門に全従業員の50％，研究開発部門に25％が所属する。ほかに，マーケティング部門，生産部門，その他管理部門がある，機能別組織。営業部門には，支店・営業所，営業企画，営業トレーニング，営業オペレーションの機能がある。

③人事部

人事部の人数は総勢で約80人である。その役割は，人事ビジネスパートナーと人事専門職に大別される。HRBP（HR Business Partner）と呼んでいる人事ビジネスパートナーは17人おり，平均すればHRBP 1人が従業員約300人をサポートしていることとなる。これに対し，残り60人強はCoE（Center of Experties）と呼ぶ人事専門職である。CoEは，給与・福利厚生担当（Compensation, Payroll and Benefit），労務・採用・人材開発担当（Labour Management and Planing, Staffing: L&D），健康保険組合担当，健康管理センター（産業医，看護師など）からなっている。同社の人事部組織の改編とその役割変更は，アメリカ本社のガバナンスの強まりと同時に劇的に進められた。人事部組織の改革としては，以前は，採用，人材開発，労務，給与・福利厚生が同一組織であったが，給与・福利担当を独立させ，人事労務のしくみを抜本的に変革するリード役とした。また，新たにHRBP組織を設置し，そのサポートのもとにラインに権限委譲された人事労務管理は人件費管理，人事異動の立案，昇給立案，昇格立案，人事考課などがある。

米系医薬 S
①会社の概要

アメリカの大手医薬品メーカー。本社はニュージャージー州。抗アレルギー剤，吸入ステロイド喘息治療剤，抗生物質（以上，医薬事業本部が担当），肝炎・癌治療領域製品（以上，肝炎・オンコロジー営業部が担当）が２大製品群。

②組織構造

研究開発本部，医薬情報・副作用情報を提供する学術情報本部，営業・マーケティング本部，財務・情報システム本部，人事総務本部，工場（混合粉末である医薬品原料を，定められた形状と，大きさ，および重量になるよう，またそれが所定の硬度を得るように圧縮成型して錠剤にすること，パッケージングを実施），事業開発本部がある，機能別組織。

③人事部

人事部には正規従業員12名，派遣社員２名が在籍している。このうち５名が，人事制度の企画，共済会の運営，アウトソース業者に出す各種データのとりまとめ，社会保険業務などを担当している。ほかに企画（組合窓口など労務）3人，人材開発２人，採用１人という構成である。また，工場担当人事が１人いる。

米系金融 A
①会社の概要

世界の約50の国と地域で生命保険事業を展開する企業グループの日本支社。外資系生命保険会社の第１号であり，日本で40年の歴史を有する。保険商品の直接販売や代理店による販売，雑誌広告や折り込みチラシ，ダイレクトメールなど様々なメディアを介した通信販売，金融機関での窓口販売など，販売経路は多岐にわたる。

②組織構造

　多岐にわたる販売方法に対応する商品を開発する商品戦略・商品開発部門と，販売を支える商品別・顧客別・地域別の営業組織およびマーケティング部門を中心に，カスタマーサービス，システム開発，管理部門を配した機能別組織。

③人事部

　同社の人事部は，採用，給与，企画，人材開発，部門担当人事，健康保険組合の各担当から構成される。採用担当は，新規学卒者採用担当と中途採用担当に分かれる。新規学卒者採用は，同社単独で実施するが，中途採用は同社を含む日本で事業を展開する同社のグループ会社全体で行う。給与担当は，これまでグループ会社全体での一括処理を試みたが，規模の経済性が思うように発揮できず，各社ごとに実施するやり方に戻した。企画担当は，各種人的資源管理制度の企画立案と労務を担当する。人材開発担当は，これも以前はグループ会社全体で行っていたが，グループ企業各社の仕事のやり方や従業員について十分に理解していなければ効果的な人材開発プログラムを提供できないとの反省から，各会社に戻した。なお，同社には全社共通のプログラムを担当する人材開発担当のほかに，金融法人部の中に研修統括部という組織があり，こちらは直販社員の教育および代理店向け教育を担当している。人事部の組織には上記のほか，部門担当人事がおり，部門担当人事の役割は，全部門共通の人事労務管理のしくみを各担当部門の実情に合わせながら導入したり，担当部門特有の人事労務管理上の課題についてラインをサポートすることである。

4　調査内容と方法

　主なヒアリング内容は，人的資源管理制度の内容，およびその運用のうち，まずは人的資源管理制度の中核をなす社員格付け制度について各社の制度を確認した後に，特に「採用」，「人事異動」，「評価（人事考課・昇格・昇給）」

表4-1 聞き取り調査のプロトコル表

大企業人事部における人事労務管理の統合と分散に関するケース・スタディ実施のためのプロトコル

目的	当プロトコルは，標記のケース・スタディ・リサーチの信頼性を高めるため，研究者がケース・スタディを実施する際の指針とすることを目的とする
1. 手続き	
A. 対象企業	
B. スケジュール	
C. 面接者	
D. 情報源	
2. 質問	
A. 企業概要	
設立	
企業組織（グループ）	
株主構成の特徴	
資本金	
売上高	
正規従業員数（単体）	
非正規従業員数（単体）	
B. 同社を取り巻く環境	
事業の多角化	
国際競争の度合	
主な経営課題	
組織構造（事業部制など）	
人事制度	
賃金水準の決め方（市場型／組織型）	
賃金額の決め方（ラインの裁量度合）	
キャリア開発の方針	
採用に占める新卒／経験者	
管理職の内部昇進型／外部採用型	
労働組合の有無	
C. 人事部の組織と役割	
人事組織と人数（正規従業員，派遣）	
人事各組織の職務分掌	
人事組織の分社化，アウトソーシング	
人件費管理の主体	
人事異動の起案と決定（人事権）	
人事考課結果の調整	
従業員の考課表の管理／内容把握	
個別労務管理／勤怠管理	
ラインへの人事管理委譲の状況	
昇進管理	
戦略的意思決定への影響度	
その他人事部の役割	

出所：筆者作成。

表 4-2　調査時期と対象者

調査対象企業	調査時期	調査対象者	備考
日系電機 M	2007 年 7 月 10 日	人事部マネージャー	
日系電機 N	2007 年 11 月 9 日	人事企画担当マネージャー，部門担当人事マネージャー	ほかに 30 分程度の聞き取りを数回実施
日系医薬 E	2007 年 7 月 13 日	人事部マネージャー，営業部マネージャー	
日系医薬 S	2007 年 2 月 26 日	人事部マネージャー，企画室室長，研究部門マネージャー	
日系金融 D	2008 年 3 月 25 日	人事部課長，営業部課長	電子メールによる追加質問を併用
日系流通 I	2006 年 3 月 21 日	人事部マネージャー，企画部マネージャー	電子メールによる追加質問を併用
米系電機 B	2006 年 10 月 12 日と 2007 年 8 月 9 日	給与・福利担当部長，人事企画担当部長	それぞれの前後で 15 分程度の聞き取りを数回実施
米系電機 H	2007 年 8 月 6 日，7 日，8 日	人事企画部長，部門人事部長，採用部長	
米系医薬 M	2007 年 8 月 7 日，9 月 3 日	人事担当取締役	
米系医薬 S	2007 年 10 月 26 日	人事本部長，人事教育担当マネージャー	ほかに 30 分程度の聞き取りを 2 回実施
米系金融 A	2008 年 4 月 9 日	人事担当執行役員	前後で 2 回実施

出所：筆者作成。

という，第 1 章で特定した，日本的雇用慣行の特徴に絞って調査を行うこととした。なお調査にあたっては，調査内容にもれやばらつきが生じないように，「聞き取り調査のプロトコル表」を事前に作成した（表 4-1）。

　なお，事例調査の実施期間は 2006 年 3 月から 2008 年 4 月であり，1 社について 1 回から 5 回の聞き取りを行い，聞き取りで不足した点については電話や電子メールの交換によって内容を確認した。調査対象者は，各社の部長

クラスが中心で，ほかに人事部担当役員あるいは課長クラスにも対応いただいた。また，一部の企業ではラインによる聞き取りも行うことができた（表4-2）。

5 事例調査の結果

5.1 社員格付け制度

調査時点で役割等級制度を採用していたのが**日系電機M**，**日系電機N**，**日系流通I**であり，これらの企業はすべて，職能資格制度から役割等級制度に変更した企業である。

日系電機Mは，1998年に管理職層の社員格付け制度を，能力を基準とする制度から役割の価値を基準とする制度へ移行し，さらに2004年には非管理職層に対しても同様の移行を行った。移行した主な理由は，総額人件費の抑制，従業員の高齢化・高資格化により従来のような従業員格付け構成を維持できなくなったことがあげられる。年功的な運用がなされてきたこれまでの制度は，高度成長期のように企業が右肩上がりで成長を続け，組織が継続的に拡大している時代には成立したが，経済成長率の鈍化や企業間競争の激化という環境下では制度の維持が難しくなった。また，従来の制度は，いったん昇格すれば降格することがなかったため，職務内容と処遇の不均衡が生じるケースが少なくなかった。

新制度では全従業員を，経営活動の中核的実行層である「専門企画」と，経営活動の基盤的実務遂行層である「基幹」，看護師など経営活動における間接的特殊業務の実行層である「特別」という3系統に分類したうえで，職務の価値（職務の難易度と職務の付加価値度）と組織への貢献度（リーダーシップなど人の行動や能力，組織方針との整合度）をもとに社員格付けを再編した。このうち「基幹」系統においてさらに，現業従事者などの一般職と総合職および監督者に分類し，それぞれについて3から5段階の等級を設定した（図4-1）。格付けの際の基準は，全社に共通した社員格付け等級基準書を用意したが，事業本部ごとに自部門の業務内容に即してより具体的に表現した

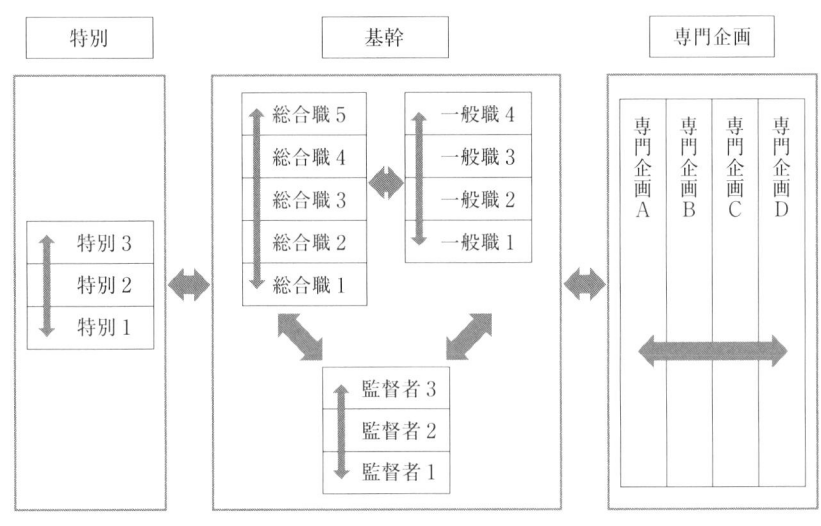

図4-1 日系電機Mの社員格付け体系

```
   特別              基幹                      専門企画

              ┌─総合職5 ── 一般職4─┐      専 │ 専 │ 専 │ 専
              │ 総合職4    一般職3 │      門 │ 門 │ 門 │ 門
              │ 総合職3    一般職2 │      企 │ 企 │ 企 │ 企
  特別3        │ 総合職2    一般職1 │      画 │ 画 │ 画 │ 画
  特別2  ⇔    └─総合職1 ───────┘  ⇔   A │ B │ C │ D
  特別1               │
                    監督者3
                    監督者2
                    監督者1
```

出所：ヒアリングをもとに筆者作成。

運用基準を準備し，独自の社員格付け基準を設定している。

日系電機Nでは，「成果責任」（戦略および方針策定，業務遂行，組織およびインフラ整備）と「コンピテンシー」（行動基準，経験，語学，知識・スキル・ノウハウ）に基づいて決定される役割の大きさによって格付け等級が決まるしくみを採用し，8段階のグレードがセットされている（図4-2）。役割の大きさは「役割定義書」に明記されている。

日系流通Iは，それまでの職能資格制度から役割成果等級制度という名称の制度に変更した。社員格付け等級は初任格付けとなる1級から上位者の7級までとなっており（図4-3），この構造自体は職能資格制度時代から変更ないが，その枠組みの中で最初に上位者である7級と6級の従業員を対象に，次いで5級と4級の従業員，最後に3級から1級の従業員を対象として段階的に新制度を導入した。具体的には，それまでの職務遂行能力を軸にした評価基準から役割と成果に基づく評価基準に変更した。役割の大きさは，①責任・影響の大きさ，②戦略上の位置づけ，③必要な能力要件によって決定さ

図4-2　日系電機Nの役割グレード

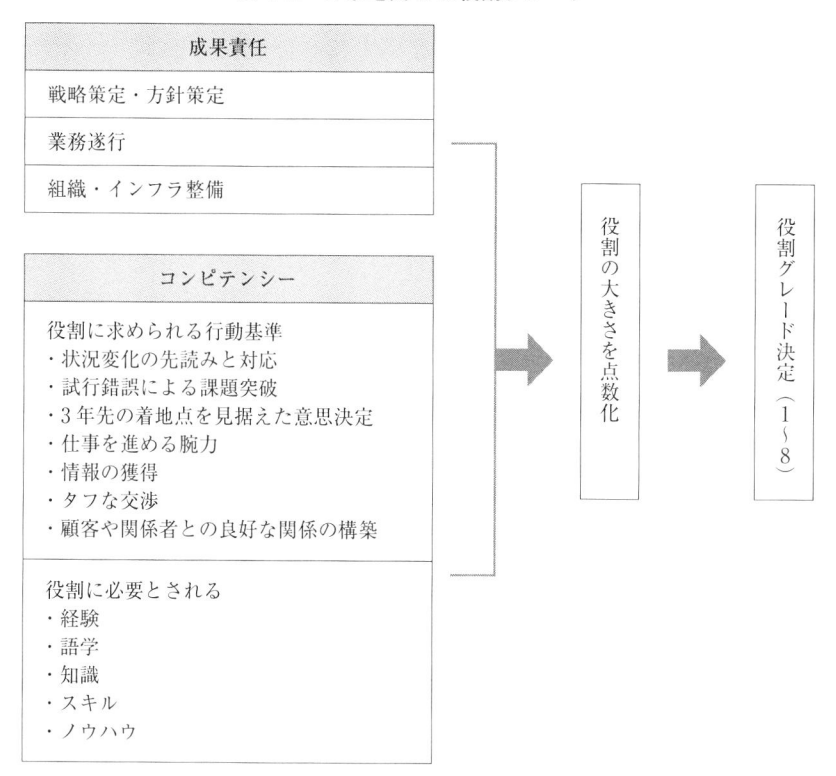

成果責任
戦略策定・方針策定
業務遂行
組織・インフラ整備

コンピテンシー
役割に求められる行動基準 ・状況変化の先読みと対応 ・試行錯誤による課題突破 ・3年先の着地点を見据えた意思決定 ・仕事を進める腕力 ・情報の獲得 ・タフな交渉 ・顧客や関係者との良好な関係の構築
役割に必要とされる ・経験 ・語学 ・知識 ・スキル ・ノウハウ

→ 役割の大きさを点数化 → 役割グレード決定（1〜8）

出所：ヒアリングをもとに筆者作成。

れる（図4-4）。

　残る**日系金融D**と**日系医薬E**は，職能資格制度を運用していた。

　日系金融Dは，制度自体の名称は役割等級制度という説明ではあったが，その内容を注意深く聞けば，従業員の実績や能力の累計に基づく期待値から役割等級を格付けおり，職能資格制度の要素が強く残っている制度であることがわかった。

　また，**日系医薬E**は，1996年に導入した職能資格制度を，調査時点でも継続して運用していた。

図4-3　日系流通Ⅰの社員格付け体系

区分	資格	
役付	7級	
	6級	昇格アセスメント
	5級	昇格アセスメント
	4級	昇格アセスメント
係員	3級	
	2級	
	1級	

出所：ヒアリングと同社資料をもとに筆者作成。

　調査時点で職務等級制度を採用していたのが**日系医薬S**，**米系医薬M**，**米系医薬S**，**米系電機B**，**米系電機H**である。

　日系医薬Sは，長年にわたり職能資格制度を運用してきたが，年功的な運用に陥りやすく，また，社員格付けおよび賃金の下方硬直性が問題となって同制度を廃止，1999年に現在の職群等級制度に移行した（図4-5）。同社の職群等級は，従業員個々人が行っている職務の価値を基準にして従業員をランクづけする制度であり，職務の役割や責任の大きさ，職務の難易度，その職務が会社へ与える貢献度合いなどから総合的に決定される（図4-6）。

　米系医薬Mと**米系医薬S**はともに，それまで日本法人において導入していた職能資格制度を，アメリカ本社の統治力の強まりによって世界共通の人事制度に移行した結果，全世界共通の職務記述書をベースに従業員を格付けして職務等級制度へ移行した。

　米系電機Bと**米系電機H**は，それぞれの日本法人においても長年にわたり世界共通の職務等級制度を採用している企業である。

　米系電機Bでは，格付け（同社では「Banding」と呼んでいる）は，職務の重要度・困難度，職務が求めるスキル（能力・技能），リーダーシップ

図4-4 日系流通I　役割の大きさの評価軸

①責任・影響の大きさ

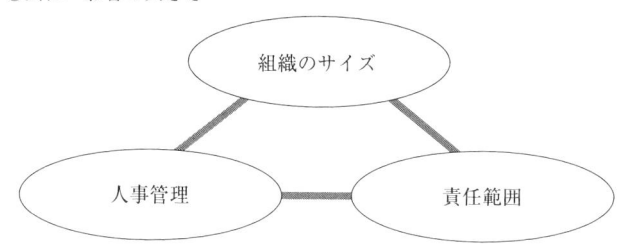

- 組織のサイズ
- 人事管理
- 責任範囲

②戦略上の位置づけ

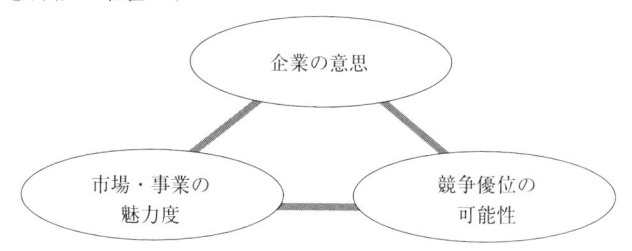

- 企業の意思
- 市場・事業の魅力度
- 競争優位の可能性

③必要な能力要件

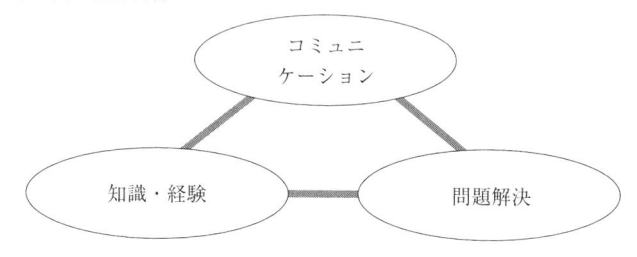

- コミュニケーション
- 知識・経験
- 問題解決

出所：ヒアリングと同社資料をもとに筆者作成。

（Leadership），職務の持つ影響度（Impact on Business）に基づいて行われる。バンド（Band）と呼ばれる資格体系は，一般職・事務職（Support Band）に適用するBand 1からBand 5，総合職（Professional Band，従業員の95％がここに属する）に適用するBand 6からBand 10（図4-7），理事・役員層（Executive Band）に適用するBand（アルファベット5段階）に区分される。

米系電機Hにおいても，職務の重要度・仕事の価値の大きさ，職務が求

図4-5　日系医薬Sの社員格付け体系

社員区分	職群等級	等級イメージ
管理職	職務7	部長相当
	職務6	次長相当
	職務5	課長相当
	職務4	係長相当
一般社員	職務3	主任相当
	職務2	
	職務1	

出所：ヒアリングと同社資料をもとに筆者作成。

図4-6　日系医薬S　職務の価値の評価軸

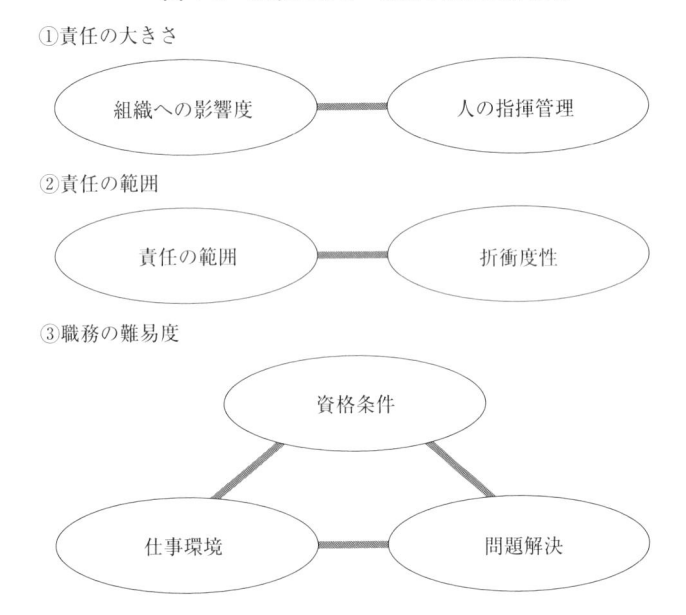

①責任の大きさ

　　組織への影響度　―　人の指揮管理

②責任の範囲

　　責任の範囲　―　折衝度性

③職務の難易度

　　資格条件
　　仕事環境　―　問題解決

出所：ヒアリングと同社資料をもとに筆者作成。

図4-7　米系電機Bの社員格付け体系

スキル	バンド		
高い↑仕事のスキル↓低い	10	ライン専門職	認定プロフェッショナル専門職
	9		
	8	スペシャリスト	
	7	エレメンタリー	
	6	新入社員	

出所：ヒアリングと同社資料をもとに筆者作成。

図4-8　米系電機Hの社員格付け体系

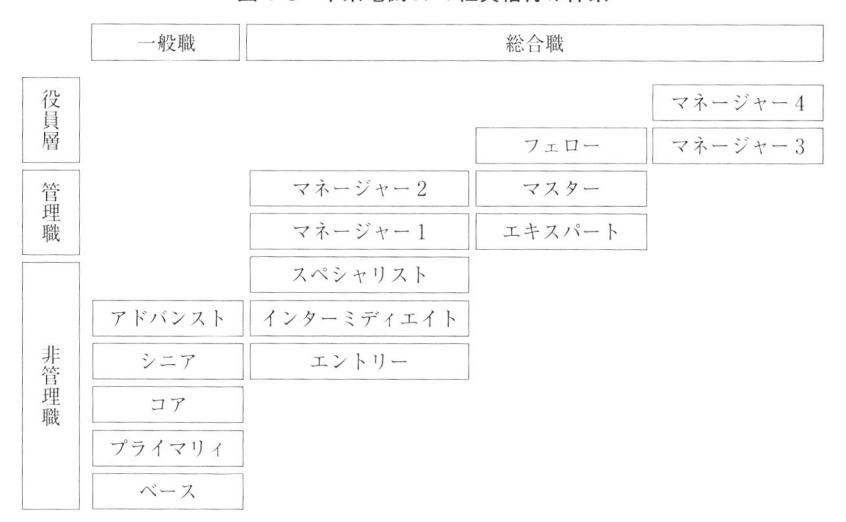

	一般職	総合職		
役員層				マネージャー4
			フェロー	マネージャー3
管理職		マネージャー2	マスター	
		マネージャー1	エキスパート	
非管理職		スペシャリスト		
	アドバンスト	インターミディエイト		
	シニア	エントリー		
	コア			
	プライマリィ			
	ベース			

出所：ヒアリングと同社資料をもとに筆者作成。

めるスキル（能力・技能）など全世界共通の職務価値に基づいて社員格付け（Job Levelling）がなされる。ジョブレベル（Job Level）と呼ばれる格付け等級体系は，一般職（Non Exempt）5段階，総合職非管理職3段階，専門職3段階，管理職2段階，役員層2段階に分かれている（図4-8）。

職能資格制度と職務等級制度の併用から，職能資格制度と役割等級制度の併用に移行したのが，**米系金融A**である。以前は，一般従業員層は職能資格制度による年功的な運用，管理職層は職務評価をもとに社員格付けを行っていたが，2002年頃管理職層に対する社員格付け基準を変更し，社員格付け等級をそれまでの7階層から3階層に減らし，職務内容を定義する職務記述書はなくなり，役割をベースに再構築した。

5.2 採用

事例企業の採用活動は，新規学卒者中心（日系医薬E，日系電機M，日系電機N，日系金融D，日系流通I），ほぼ同数（日系医薬S，米系電機B），中途採用中心（米系医薬M，米系医薬S，米系電機H，米系金融A）に大別できた。

日系医薬Eは，従業員は新規学卒者採用で充足するというのを基本方針としている。新規学卒者採用数は年間約200人である。採用選考には，人事部の担当者，ライン，役員が関わり，最終的には合議で判断する。中途採用は年間40人程度の採用枠を持つが，もともと中途採用は全く実施しておらず，2001年から研究開発要員を対象に開始した。人事部の担当者とラインが面接し，どちらかえといえばラインの判断が重視される。MR（営業職）も一時期中途採用を行ったことがあるがあまりうまくいかず，新規学卒者を軸とした内部育成に戻した経緯がある。

日系電機Mでは，新規学卒者の採用は例年おおよそ1,000人程度，中途採用は年間約250人程度である。採用計画については，同社の経営企画部が会社として注力すべき事業バランスを決定し，それに基づいて本社人事部が人員を決定する。

新規学卒者採用は事務系と技術系に大別され，技術系はさらに細かく職種別に分かれる。新規学卒者の採用選考は，基本的に人事部が中心となって行

うが，同社では新規学卒者採用においても，技術系採用の場合には入社時に配属先まで決定している場合が多く，その場合にはリクルータと呼ばれる，応募者の大学あるいは大学院の先輩である従業員と製作所の人事担当が１次面接を担当する。その際，リクルータは自部門との相性や自部門に必要な基礎能力を保有しているかどうかについて確認し，人事担当は全社に共通して求められる思考や行動基準を確認する。２次面接は本社人事部の採用グループと採用部署のラインが担当し，１次面接で推薦されてきた候補者の仕事に対する考え方や行動様式を多面的に確認する。ここでは，職場との相性などが判断しやすいラインの意見がやや重視される。中途採用の場合は，応募者に要求する仕事内容や求める人材要件が明確であるため，ラインが採用選考の中心となって実施する。人事の担当者も面接には参加するが，応募者が保有している専門的スキルではなく，人物そのものを確認する。専門的スキルは持っていても会社に合いそうもない場合はラインに進言するが，採用に際しての優先順位は専門的スキルの保有度合いが高いので，よほどのことがなければラインの案が優先されるのが実態である。

日系電機 N では，新規学卒者採用は毎年おおよそ700人から800人程度行うのに対し，中途採用は数十人程度である。新規学卒採用選考および中途採用選考とも，人事部と配属部門の担当者が同席する。新規学卒者採用選考の場合は，人事部は主に基本的な性格や基礎能力を観察する。配属部門の担当者は，職種および職場への適応力を主に見る。新規学卒者に対しては専門的なスキルの保有は採用段階では期待していないので，専門的スキルの保有度合いを細かく見ることはない。採用の決定判断は合議だが，人事部の判断が比較的重視される。ただし，採用時にすでに特定の職種や配属先が決まっている場合には，配属先のラインの判断が重視される。中途採用の場合は，人事部の担当者は，応募者の面接での受け答えなどを通して応募者の性格などを把握する。配属部門の担当者は，応募者の専門的スキルが自部門の要求を満たしているかを判断する。現実としては，中途採用は，部門が求めるスキルと応募者のスキルがなかなか合わない。応募者のこれまでの経験やそこから培った専門的スキルが自部門で発揮できるかどうかのマッチング作業は非

常に慎重に行う。

日系金融 Dは，新規学卒者の採用人数は例年総合職150人程度，事務職650人程度である。中途採用については，アクチュアリなど専門性の高い分野で中途採用も行うことがあるものの，企業規模からいえば，ほとんどないに等しい。新規学卒者の採用においては，会社全体に必要な基礎知識や行動様式を重視している。1次面接は，人事担当者と採用候補者の出身校の先輩である従業員，2次面接は人事部の管理職が行い，採用の決定は人事部が行う。

日系流通 Iは，新規学卒者の採用を中心とし，毎年一定数の採用を本社一括採用で行っている。採用時点では配属は未定であり，特定の専門的スキルの保有は期待していない。人事部のメンバーが手分けをして応募者と話をしながら，人柄や会社への適性を見て総合的に採用合否を判断する。

採用人数比でいえば，新規学卒者採用と中途採用が同程度であるのが，**日系医薬 S**と**米系電機 B**である。

日系医薬 Sでは，新規学卒者採用も中途採用も，採用対象のほとんどが営業職であり，採用担当部署の長が選考に責任を持ち，採用担当部署をサポートする人事部員が同席する。採用職種が決まっており人数も少ないため，職務への適性を重視する。このため，採用の最終決定はラインと人事部の合議で行うが，ラインの意見がやや重視されることとなる。

米系電機 Bでは，採用人数比でいえば，新卒と中途は同程度であるが，なるべく新規学卒者を安定的に採用したいので，会社の業績が思わしくなく全体の採用数を削減する場合には，中途採用を最初に中止する。新規学卒者採用の選考は，一次選考では人事部が基礎能力試験を実施して選抜し，二次選考でラインが部門への適性を判断し採否の決定を行う。新規学卒者に対してもラインの合否判断が重視されるのは，職種別採用を行っているからである。中途採用の選考は，人事部員が手分けしてラインとともに実施し，協議で採用の意思決定を行うが，最終的にはラインの判断による。

米系医薬 M，**米系医薬 S**，**米系電機 H**，**米系金融 A**は，相対的に中途採用に重きを置いた採用を行っている。

米系医薬 M は，以前は新規学卒者採用を中心としていたが（たとえば新卒300人，経験者50人程度），現在は中途採用中心となり，新規学卒者採用と中途採用の比率が逆転している。人事制度を含むマネジメントスタイルの改革を実施するとともに即戦力となる人材の獲得に乗り出しているためである。特に専門性に特化したグローバル人材の採用を重視しており，営業職と基礎研究・開発職を中心に採用活動を展開している。採用は人材会社からの紹介を利用することが中心であり，人事部とラインで面接し，合議で採否決定するが，専門性を重視するためラインの意見を重視する。

　米系医薬 S は，新規学卒者の採用は，毎年おおよそ20～30人である。事業年度の途中で従業員が退職した場合の補充は極力新規学卒者採用で補うことにしている。新規学卒者の配属は，ほぼ営業部門であり，人事部と営業部門の代表が採用選考を行う。人事部は基礎的な能力，営業部門は営業職能への適性を判断する。両者の意見が異なった場合は，ラインの意見が重視される。採用の中心は中途採用であり，社内にないスキルや経験を持った人材の獲得を期待している。営業部門は，この業界の営業職として必要な資格を持った人を採用する傾向にある。この理由は，同社の製品知識さえ学べば，すぐにビジネスの現場に出て営業活動を行えるからである。採用選考は人事部とラインの協働である。合議により採否決定するが，ラインの意見が尊重される。

　米系電機 H では，年度によってばらつきはあるが，平均的には新規学卒者採用が年間約150人であるのに対し，中途採用が約200～250人という採用構成になっている。新規学卒者採用は，職種別採用である。一次面接は人事部員だけが面接し，二次面接は人事部の上位の管理職と採用受け入れ部門のラインが行う。選考に迷った場合は，ラインの意見が重視される。採用の決定に際してラインは，新規学卒者に対しては職種の専門能力は大きく重要視しないものの，自部門（職種）に適応している従業員の雰囲気を念頭に置きながら，そこでの発揮を期待する基礎能力や行動様式を基準に選考する。中途採用については，専門能力の保有の有無を人事部員では判断できないため，人事部は選考に関与しない。

米系金融Aは，新規学卒者採用は毎年大体50人程度（うち10人弱がアクチュアリ）であるが，それに対し中途採用は多いときは300人超となる。新規学卒者採用の選考は，1次選考は人事部によるグループ面接，2次選考は人事部とラインが共同で面接（このときラインの役割は，仕事内容を説明すると同時に，自部門への適性を見極めることである），3次選考も同様に人事部とラインの組み合わせ（2次選考に関与した人事部とラインそれぞれの上位の者）で行う。新規学卒者の採用合否の決定は合議で行われ，どちらかといえば人事部の意見が尊重される傾向にある。逆に中途採用は合議の結果意見が分かれた場合は，ラインが最終決定を行う。

5.3　人事異動

　程度の差こそあれ，**日系医薬E**，**日系電機M**，**日系電機N**，**日系金融D**，**日系流通I**，**米系金融A**の6社では職能を超える配置転換が定着していた。

　日系医薬Eでは，定例の大きな異動は毎年4月と10月に実施する。職能を超える異動も相当数含まれる。これに加えて，少人数単位の異動は随時実施している。同社では，過去は人事異動の最終決定権は人事部が有していたが，1997年に研究部門，生産物流部門，営業部門ごとに人事異動権限をラインに委譲した。その結果，部門・職能を超えての人事異動がほとんど行われなくなった。その状況を見て，創業家が人材配置の全体最適の欠如に対して大きな危機感を持ち，あらためて人事異動の意思決定にこだわるようになり，特に同社の強みである営業組織についての人事権だけは人事部に戻した。このときにラインから人事権を返上させたのは営業部門だけであり，営業部門以外への人事権委譲のしくみはそのままになっているが，異動計画立案にあたって人事部が担当部門の役員をサポートし，人事部が各部門の異動計画をとりまとめて最終的には社長決済のうえ決定されるしくみになったため，実態としては人事部が強く関与して職能を超える異動も視野に入れた施策に戻ったと見ることができる。従業員の職務遂行情報は，人事部にとって人事考課結果調整のアドバイス等をするのに必要なので，人事部員が人事考課表の内容を確認したり，従業員教育の場に参加して観察したり，会議，日常会

話などから情報入手している。

　日系電機 M では，基本的に人事権は事業本部長に属する。とはいえ実態は，事業本部内の人事異動計画は，事業本部の業務部長と業務部に所属する人事スタッフが立案し，職能を超える異動も珍しくない。同社の企業規模を勘案すれば，事業本部が一般企業並みの規模であり事業の独立性を有するので，業務部が人事部と同様の役割を果たしていると見なすことができる。一方，事業本部を超える人事異動は，本社人事部が立案し，各事業本部長と協議，調整しながら実施する。技術職については，事業本部を超えた異動はあまり多くないが，事務職は他の事業本部の同一職能（人事，経理など）へ異動することは活発に行われている。また，同社には社内公募制度がある。異動希望者に関する情報（異動希望部署，希望業務，職務経歴等）をイントラネット上で部長級以上のラインに公開しており，受け入れ側のラインの希望に合致する候補者が見つかった場合，面接などを経て採否が判断される。合格の場合は，異動先と現所属部署で異動時期などを調整のうえ，異動実施の可否が最終決定されるしくみである。しかしながら，業務部あるいは本社人事部による人事異動が定着していることもあり，この制度はほとんど機能していないのが実情であるという。

　日系電機 N では，定期異動が年3回（4月，7月，10月）実施される。以前は人事部が主体となり入社後3〜4年，7年，11年での定期異動を行っていたが，2000年代に入ってからは，ラインの方が各従業員の適性を十分に把握できるという理由からラインが人事異動の立案を主導するようになった。その結果，1990年代に比べ異動者数が半減しており，1つの部署での滞在期間がやや長期化傾向にある。現在は年間の異動者数は全従業員の10％程度，そのうち事業本部（ビジネスユニット）内の事業部間異動が5％，事業部内での異動が3％，その他2％という程度である。事業本部内では職能を超えた異動もある。事業部内の異動は，事業部に所属する「計画担当」という参謀役と事業部に属する人事担当（「事業部人事担当」という）が協議して立案し，その結果を部門担当人事部に報告する。日系電機 N では事業本部が小さいところでは300人，大きなところでは5,000人くらいになり，一般企業

相当の規模と独立性を持っているので，この部門担当人事部が一般企業でいう本社人事部に相当し，事業部人事担当は人事の専門家ではなく，事業部出身者であることから人事異動の立案を主導するのではなくラインの意思決定のサポート役という位置づけになっている。事業本部を超えての異動はかなり少なく，上級管理職のみである。したがって，事業本部を超えての人事異動立案に関しては人事部長を含めた幹部間で議論され，一般の人事部員が関わることはほとんどない。

　日系金融Dでは，人事課の担当者が人事異動時期の数カ月前から人事異動案の作成に専念する。人事異動案の作成は以下のように進める。まず，過去の社内履歴や人事考課結果，周囲の評価，人事部が保有する情報などを参考にして候補者リストの大枠（long list）を作成する。次いで，そのリストをラインに打診し調整のうえ第1次候補者リスト（short list）に絞り込む。第1次候補者リスト作成後，異動候補者を部下に持つ部門の長に打診を行い，候補者を絞っていき，人事部が最終決定を行う。また，職能を超える配置転換が定着しており，将来の昇格につながる不文律のキャリアパスと「特定ポスト」がある。将来同社の幹部になる可能性のある従業員，子会社や関連会社の経営に携わる可能性の高い従業員ほど，様々な職能を経験させて会社経営を理解させていく。

　日系流通Iにおける従業員の異動は，ラインが起案し人事部に提出，人事部が全社の案件を調整して決定する。毎年1回定期異動がある。新規学卒採用による従業員は，当初4年間は育成期間と見なし，職能を超えたローテーションを行いながら適性を見極める。具体的には，入社後最初の2年間は本店に配属し販売リーダーの経験を与え，次の2年間は営業部門に配属し職務の適性を判断し，入社5年目から営業部門あるいは事務部門に正式配属する。新入社員以外の正規従業員も，職能を超えたローテーションにより経験の幅を拡大していくが，職能および領域（たとえば食品販売，外商など）を超えた異動がない契約社員の存在がこれを支えている。また，同社には社内公募制度がある。この制度の運営は人事部が主導している。人事部が主導することで，事前に当該部門のラインと従業員個人が裏で話をつけてしまうことを防

止したり，人事部が日頃から収集した情報をもとに，本人の希望・意欲と能力とを客観的に判断できるからである。

米系金融Aでも定期的な人事異動を行っている。営業チャネル間（代理店，銀行チャネルなど）の異動は，職務遂行に必要なスキルが異なるためほとんどないが，むしろ営業職能とカスタマーサービス職能や商品開発職能などの職能を超える異動は，顧客対応力を向上させるという狙いで意識的に行っている。新規学卒採用者は，代理店営業を2～3年経験させてから業務系職務（引き受け，契約管理，支払い）をさせるのが一般的なキャリアパスである。営業職務に従事する従業員は支社に配属し，2～3年ごとに異動して2カ所以上の支社を経験させる。配置については，人事部が各部署のラインと相談しながら全体の立案と調整を行う。近年，いわゆる早期選抜プログラムを導入した。早期選抜社員層をいくつかのグループに分け，たとえばあるグループは次の経営者層候補となる数名であり，別のグループはその次の世代の経営者予備軍20名程度，ほかには特殊技術・能力を保有している者，などである。こうしたリストはラインが立案し人事部が事務局として毎年まとめている。

これまで見てきた企業とは対照的に，**日系医薬S，米系医薬M，米系医薬S，米系電機B社，米系電機H**では職能を超える配置転換はほとんど見られなかった。

日系医薬Sでは，要員計画は各部門が主体となって実施し，経理部門と相談しながら予算との連携を図る。この段階では人事部の関与はほとんどない。要員計画を部門ごとに行うため，部門，職能を超えての人事異動は少ない。また，社内公募制度は導入されているが，公募制度を利用しての異動は少ない。同様の理由から，同じ本部内の人事異動は比較的頻繁に行われる。ただし，この場合も職能を超えての異動は少ない。

米系医薬Mでは，以前は人事部が従業員の特定部門への滞在年数などを考慮しながら職能を超えた異動を含む人事異動を行っていたが，新しい人事制度を導入した際にその考え方をとりやめ，ラインが上位のラインと相談しながら人事異動を立案するようになった。たとえばマーケティング部門を例

にとると，従来よりも同社独自のマーケティング手法に対する理解の深さが要求されるようになってきており，そのため従来は営業部門とマーケティング部門間の人事交流が頻繁にあったものが，よりマーケティングの専門性を追求する能力育成・キャリア形成へと変わりつつあるなかで，そうした人事交流は減少している。したがって，現在は人事異動の中心は，部門内での関連業務への異動が中心となった。職種転換を含めた戦略的な異動は，人事部が主催してラインが参加するタレントマネジメントのしくみを導入し，その中でライン同士が議論して人事異動を決定していくようになった。

米系医薬Sにおいても，職能を超える人事異動はほとんどない。人事権はラインに帰属している。ラインが自部署の人員を見て，あるいはライン同士で，お互いに部員を交換してもスキルが活用可能かどうかの観点で人事異動案のきっかけを作る場合が多く，その後に人事部の意見や今後の進め方の相談が人事部に来る。人事部がそうした事後的な相談に乗る理由は，人事部から労働組合への通知が必要なためである。人事部が年次管理などで異動させることはない。

米系電機Bでは，各ビジネスユニットで人事異動が立案・実施される。非管理職の人事異動については，ファーストラインマネージャー（一般的には課長級に相当する）が起案し，その上司と相談して決定することがほとんどである。最終的にはビジネスユニットの長が判断するが，大きなビジネスユニットだと従業員が数千人にもなるので，実態は組織の大きさにより部長あるいは部門長の決定に委ねられる。同じ部や部門内の異動でも，新規学卒者として採用して入社年度が比較的浅い従業員以外は，非営業部門から営業部門への異動は少ない。ラインが人事異動計画を立案するにあたり，人事部は人事異動に伴う手続きのアドバイスなど限定的な関わりしかない。

米系電機Hにおいても，人事異動のほとんどが同じ事業部内の異動であり，各事業部内で立案・実施している。事業部をまたがる人事異動は数少ないが，人事部は異動検討会議の事務局として全体最適思考を促す。最終決定は事業部長同士の話し合いで決定する。会社が一方的に従業員に人事異動を言い渡す，という習慣がないため，特に部門を超える異動の場合は，人事部が当該

従業員の出し手部門と受け手部門のラインの中間に入り，候補者の意思確認を行う。

5.4 評価（人事考課・昇給・昇格）
(1) 人事考課
　人事考課に関して，各社における人事部の関与度合いについて聞き取り調査を行った。

　日系金融D，日系医薬E，日系流通I，日系電機M，米系医薬Sにおいては，実質的に人事部が人事考課を最終決定，あるいは人事部が日頃から収集している従業員の情報を提供することにより人事考課結果の調整に少なからぬ影響を与えていた。

　日系金融Dでは，人事考課は次のように進められる。最初にラインが評価（A，B，Cなど）を行い，それを人事部に提出する。次に，人事部は各ラインから集まった人事考課を部門別評価別に層別し，評価の分布を確認する。人事考課結果が直接単年度の基本給に結びつくわけではないため，厳格な評価分布ガイドラインは出していないが，連続して高い評価を得た従業員は役割給の見直し対象となりうるため，人件費の観点から何人くらいその対象にできるかを人事部からラインに示し，ラインはそれに沿って評価をつけてくる。制度的にはラインが部下全員に高い評価をつけることは可能であるが，昇給予算上の制限があるため，高評価の従業員を多くすることはラインが自分の首を絞めることになり（本当に昇給させたい従業員に配分できなくなるため），歯止めがかかる。また，過去の傾向で評価者の甘辛が確認できる場合は，人事部からラインを指導することがある。人事部は，全従業員がラインとともに作成する目標管理シートを全件回収し，かなり詳細に内容を読み込む。人事考課の調整や，人事部が作成する人事異動案の立案のために，従業員の情報をラインと同等かそれ以上に持っていないとラインを説得できないからである。

　日系医薬Eでは，人事考課の評価基準は，能力評価・業績評価・職務適性評価から構成されている。手順としては，最初に人事部が評価分布のガイ

ドラインを提示する。次にラインが部下の人事考課を実施する。ラインが評価した結果は，部門ごとに設置されている人事委員会（部門長と部門内の組織長で構成，人事部は入らない）で評価の分布を調整し，人事部に提出する。人事部は，各本部から本部ごとの評価結果を集めて，部門間の評価の公平性を確認する。具体的には，各部門の担当役員と個別に会議を持ち，過去の評価実績や従業員の自己申告の内容などを吟味し，場合によっては評価を行ったラインへヒアリングを行って，分布の妥当性を検証する。こうして決定された評価は，最終的には社長の決済により決定する。

　日系流通 I では，従業員の人事考課は，ラインが起案し人事部に提出する。人事部は全社各部門から提出された人事考課結果を集め，人事部が日頃から収集している情報を念頭に置きながら人事考課結果を調整のうえ最終決定する。ここでの人事部の役割は，ラインによる人事考課結果のばらつき修正（いわゆる甘辛調整）が中心となる。人事部は，人事考課結果の調整を公正に行うために，全従業員の人事考課表に目を通して，仕事の成果や職務への適性について情報を収集する。

　日系電機 M では，毎年年度末に，前年度の目標達成度を把握する成果評価が行われる。成果評価の視点は，経営への貢献，目標への挑戦実績などである。この内容は，格付け等級見直しの際の着眼点と連動している。達成度は，「達成」，「ほぼ達成」，「未達成」の3段階評価で事業本部長が実施する。事業本部内の業務部に所属する担当人事スタッフが評価の実施をサポートするほか，人事部は日頃から把握している従業員の職務遂行情報を念頭に置きながら，ラインが実施する人事考課結果の公平性を確認する。個々の従業員の役割と成果を正確に把握して，事実に基づく公正で客観的な評価とフィードバックをラインが行っているかを確認するために，人事部のメンバーが人事考課表を手分けしてそのすべてに目を通している。ここで把握する情報は，従業員のリーダーシップの発揮状況や後進の指導・育成状況，他部門との折衝力，職務課題への取り組み姿勢，業務改善・改革への積極度合い，職務課題へのタイムリーな実行，職務への適性などの情報である。このように，人事考課を事業本部長が最終承認するにあたり，人事部がかなりの影響力を与

えている。

　米系医薬Sでは，ラインが部下の人事考課を実施し，ライン間の調整会議で決定するのが基本であるが，人事部が日頃感じている範囲内で従業員の情報を共有して結果の調整を行う。同社が職能資格制度を導入していた際は，社内公平性を保つために昇格要件などを人事部がある程度しっかりと管理しており，人事制度が変わってからもややそれが慣習的に残っている。新たに部門担当人事という役割を置いたことにより，ラインのサポートを担当している人事部員が人事考課結果の調整の参考となる情報を日常の観察を通して提示している。1つの例ではあるが，営業部門を担当している人事部員は，もともと営業部門から人事部に異動してきた人であるため，現場の事情や状況をよく知っており，人事考課結果の際に自らが保有している情報を提供することで，人事考課結果に影響を与えている。同社では，人事部が人事考課表は集めてはいるが，その内容には目を通していない。にもかかわらず人事部がラインに提出を求めているのは，従業員と確実に目標設定などの面談を行うように，ラインに対して牽制するためである。

　以上の企業と対照的に，調査対象企業の中で，人事部は分布ガイドラインの周知徹底や調整期限の管理といった手続き面でのサポートが中心であったのが，**日系電機N**，**日系医薬S**，**米系医薬M**，**米系電機B**，**米系電機H**，**米系金融A**である。

　日系電機Nにおける人事評価は，コンピテンシー評価と業績評価から構成されている。コンピテンシー評価は年1回，行動基準書（practice file）に記載されている行動の発揮度合いを評価する。業績評価は年2回実施され，個人の業績レビューをビジネスユニット単位で行い，賞与に反映させる。評価者は，S〜Dの5段階で評価を行う。あらかじめ設定された評価分布におさまる場合は，ラインの評価がほぼそのまま採用される。予算との関係であらかじめ設定された評価分布におさまらない場合は，基本的には部門長が調整・決定を行うが，部門長の目の届かない部分が実際には多いため，事業部出身で部門に属する事業部人事担当が相当の助言を行っている。事業部人事担当はもともと人事の専門家ではなく事業部の出身者なので，事業部内での

従業員の評判や仕事ぶりをよく知っている。また，事業部人事担当は，業務目標設定のシートにも目を通している。一方，一般企業の人事部に相当する部門担当人事部では，業務目標設定のシートを集めてはいるが，業務内容が専門的であるため，すべての従業員の内容は見きれていない。ただし，昇格人事や人事異動の立案の際に担当する部門のラインをサポートする役割があるため，日頃から担当部門に属する従業員の行動や会議での発言などを気にはとめている。

　日系医薬Sでは，人事考課の流れは次の通りである。最初に従業員本人が自己評価を行う。次いで上長と話し合い，上長が考課結果を点数化する。こうして事業部内に属する従業員の人事考課結果が事業部のトップに集められ，事業部内での調整がなされる。ここでは，人事部の機能の一部が移管されている戦略企画室のメンバーが立ち会い，従業員の基礎データや過去の人事考課結果など，人事考課を最終決定するための検討材料を提供する。一連の運用はラインが中心となり，人事部の役割は過去データの提供などにとどまる。人事部には，従業員との日常的な交流の中から従業員に関する情報が入っていることはあるが，人事部が意識して従業員の職務遂行状況などを収集しているということはない。主な理由は，そもそも従業員がラインとともに設定した仕事目標の内容を見ても人事部では理解できないし，加えて，人事考課結果の調整はライン主導で行われるため，そこで情報提供するために日頃から情報収集しておかなければ困るということはないからである。

　米系医薬Mでは，従来は1次考課を被考課者の直属上司が実施し，2次考課としてその上位マネージャーが確認して人事部に提出，人事部は各部門から提出された人事考課結果をとりまとめて相対的に分布調整していた。分布調整がなされた後の最終的な人事考課は，人事部から各従業員に直接通知されるため，1次考課を実施したラインが，もしも2次考課で自分の評価が変更されていたとしても，その情報が届かず，よって部下に対して最終的な人事考課結果を説明できない状態であった。現在は，1次考課を被考課者の直属上司が実施し，2次考課としてその上位マネージャーが確認した後，部門ごとにとりまとめて人事部が示すガイドラインに基づいてラインで調整する

こととした．このとき人事部は，よほど人事考課の分布がガイドラインを逸脱していれば再考を促すが，通常は口出ししないことにした．なぜならば，人事考課につながる仕事の情報はラインが持っているのと，従業員に対する人事考課結果の説明は，通常それを見ているラインしかできないと考えたためである．従来から人事部は人事考課表の内容確認などによる従業員の職務遂行等に関する情報収集を行っていなかったが，部下の仕事情報の把握はラインの責任であることを現在はより強く訴えラインにも認識されており，かつキャリア形成も自己責任ということを打ち出しているので，人事部が積極的に従業員の職務志向やキャリア志向に関する情報を収集することはしていない．

米系電機Bでは，人事部が示す分布ガイドライン（アメリカ本社の人事部が決める）に基づいてラインが人事考課結果を最終決定する．このとき，人事部が，人事考課結果の分布の状況を集計してラインに提供する．部門担当人事は人事考課結果を調整する会議への参加を期待されるが，人事部の意見が人事考課結果の分布調整に影響することはほとんどない．従業員数も多くビジネスの範囲が広いので，人事部が従業員の職務遂行を追うことはできないし，仮に，たとえば目標設定シートのようなものを人事部が回収したとしても内容が専門的すぎて，その情報をどこかで使えるほどまでよく理解できない．同時に，従業員を管理し，職務遂行情報を把握すべきはラインの仕事という考えが定着しているため，人事部が内容を把握することはない．

米系電機Hにおいても，人事考課は，上位のラインと相談しながら被考課者の直属のラインが実施する．人事部は，会社が期待する人事考課結果の分布のガイドラインを示すだけである．分布状況などのレポートも人事部が作成するのではなく，ラインが社内のイントラネット上にあるシステムから入手するようになっている．ただし，役員クラスの一部にはシステムを使いきれない人がおり，その場合は人事部が当該役員のアシスタントと連携をとりながらサポートを行う．同社では，世界共通の人事データベースを持ち，その機能の1つであるマネージャーセルフサービス（Manager Self Service），エンプロイーセルフサービス（Employee Self Service）を使って，ラインある

いは従業員本人が人事情報を入力している。いくつかのモジュールがあり，従業員本人が入力するのは住所や電話番号，学歴といった個人基本情報のほか，仕事の目標，キャリアの希望などがあり，ラインが入力するのは部下の仕事の達成状況，評価，異動情報など職務遂行状況に関わる事項も多い。ラインには部下の情報が社内システムで閲覧できるが，人事部には把握権限がない。

米系金融 A では，評価は「成果」と「コンピテンシー」を基準に行う。年1回，目標の達成度70％とコンピテンシー30％の割合で人事考課を行う。評価は5段階でランクづけされ，人事部が分布ガイドラインを示す。分布を大きくはずれていなければ人事部から細かい指示をラインに出すことはない。部門によってはガイドラインを超えて分布を出すことを認めている。通常の昇給予算とは別に，特定の人数だけに与えることができる特別昇給予算をラインに配布し，ラインの裁量で退職防止が必要な従業員だけに追加で昇給を与えることを可能にしている。同社では，人事考課表を人事部が収集してその内容を確認するようなことはしていないが，人事異動の際の参考とするため，従業員に関する日頃の評判や研修実績，会議での発言など，従業員に関する生きた情報を人事部も収集するよう努めている。

(2) 昇給

昇給の運用においては，同じ評価を得た従業員間の公平性が保たれるしくみになっているかどうかについて聞き取り調査を行った。ここでわかったことは，同じ人事考課結果を得た場合には同じ昇給率（あるいは額）になるような制度を採用している企業と，同じ人事考課結果を得たとしても昇給率（あるいは額）はある程度の範囲内においてラインの裁量で決定される制度を採用している企業があったことである。前者のしくみを採用している企業は，**日系医薬 E**，**日系医薬 S**，**日系電機 M 社**，**日系電機 N**，**日系流通 I**，**日系金融 D**，**米系医薬 S** であり，日系医薬 S と日系電機 N を除いては，実質的に人事部が人事考課を最終決定，あるいは人事部が日頃から収集している従業員の情報を提供することにより人事考課結果の調整に強い影響を与えて

いた企業であった．日系医薬Sと日系電機Nについては，ラインが決めた人事考課に応じてあらかじめ会社が定めた昇給率が適用されるしくみを採用していたが，両社とも過去に職能資格制度を長年運用しており，その運用が現在も残っているものと思われる．

また，後者の企業は，**米系医薬M，米系電機B，米系電機H，米系金融A**であった．

(3) 昇格

昇格の運用についても人事部の関与度合いを調査した．その結果，すべての昇格案件について人事部が立案・承認に深く関与していた企業と，上級管理職についてのみ人事部が立案・決定に関与していた企業があった．前者は**日系金融D，日系医薬E，日系流通I，日系電機M**，後者は**日系医薬S，日系電機N，米系医薬M，米系医薬S，米系電機B，米系電機H，米系金融A**である．

日系金融Dでは，昇格は過去数年間の人事考課結果，目標シートの内容，周囲の評判などから人事部が"そろそろ感"をラインに伝え，ラインが検討して人事部に申請，人事部が最終決定を行う．支社の従業員についての評判は本社には届きにくいので，支社にいるラインおよび本人と人事部は定期的に面談を行うことになっている．入社して6年ほど経つと，アシスタントマネージャーという役職がつく（ただし組合員），さらに8年ほど経つと多くの従業員が課長になる（組合員）．ほとんどが内部昇格である．「特定ポスト」と呼ばれる，不文律の昇格ルートがあり，昔から現在に至るまで受け継がれている．

日系医薬Eでは，昇格は，人事部が作成する筆記試験と日常の評価で決定される．管理職への昇格案件は，担当役員が人事担当役員および社長と相談したうえで推薦，その他職位への昇格案件は，人事考課の点数などの累積点数方式をベースに部門長と人事部の管理職が面接し，その後社長決済を得る．昇格は内部昇格が基本である．

日系流通Iでは，従業員の昇格は，ラインが従業員に与える役割の大きさ

により決定するが，全社の役割等級ごとの人数バランスや予算配分に影響するので，人事部が全社的な調整を行って最終決定する。

日系電機Mでは，等級の格付けは，職務内容，役割の変化に伴い毎年定期的に見直しを行い，ラインを通じて本人に通知している。基幹系統から専門企画系統への移行は，人事部が作成する試験によって能力判定を経て変更の可否を決定する。部長級以上（部長，事業本部長）への昇格は，本社人事部が立案し，役員レベルで決済される。課長級へ昇格は，本社人事部によって作成された昇格ガイドラインに基づいて部長級が昇格立案を行い，事業本部長の承認を経て，人事部長が決済する。製作所の課長級以下の昇格は，本社人事部が作成した基準をベースにして製作所の総務部の中にある人事課員が昇格立案し，製作所長が決定する。いずれも，明文化された昇格年数の基準はないが，人事部が"そろそろ感"を伝える。

これまでに見てきた企業は，従業員の昇格に際して人事部が相当の関与を行っているが，反対に従業員の昇格をライン主導で進めている企業もあった。

日系医薬Sでは，同社の格付けは能力ではなく仕事を基準としているため，上位の管理職以外の社員格付けは，ラインが立案・実施する。ただし，上位の管理職への昇格は，人事部による面接と小論文での選考を経て最終決定する。管理職は，内部昇格が中心である。一時期，ビジネスのグローバル展開を推進する目的で外部からの管理職採用を意識して進めたことがあったが，期待通りの結果が出なかったので，現在は再び内部登用が中心となっている。

日系電機Nでは，コンピテンシー評価と業績評価結果から，毎年1回，グレードごとに上位層と下位層を抽出して役割の見直しを実施する。上位10％は上位役割への登用を検討し，下位10％は改善活動に移行，改善が見られない場合は適切な役割に再配置する。管理職への昇格機会は，組織の箱の数で決まる。組織の箱の設置は，ビジネスの環境，ビジネスの規模や管理職1人あたりが担当する部下の人数（Span of Control）などを基準としてビジネスユニットの長が決定する。箱が設置されないと管理職の人数は増やせない。このとき，部門担当人事が部門長の相談を受け，担当する他部門とのバランスや組織規模の情報に基づき助言を行う。一定の社内等級グレード（新任管

理職程度) までは能力を基準とした昇格運用をしており，それより上位のグレードへの昇格については役割によって社員格付けを行う。上位資格となる箱に新たに人を任命する場合は，事業部長 (執行役員クラス) が集まって審議を行う。このとき，部門担当人事が候補者の過去の評価や日常の関わりを通して把握している情報を提供して，意思決定をサポートする。それよりも下のグレードの昇格については，ほぼ事業部のラインと事業部人事担当の決定に任せた運用となっている。

　米系医薬 M では，担当する職務とコンピテンシーで社員格付け等級を決定する。一般従業員はラインが起案・決定し，上級管理職は役員クラスおよび人事部の責任者と相談しながら決定する。上級管理職への登用は，通常日本法人の関係者だけでは昇格決定ができないためである。管理職は内部昇格が主流だったが，変わりつつある。まず役員のほとんどが外部労働市場からの中途採用，あるいは米国本社からの出向で占められた。基礎研究所については管理職層の多くが Ph.D. 取得者など高学歴者であるため，タレントのパイプラインという意味ではある程度満足しており，ゆえに外部労働市場からの中途採用ニーズは少ない。臨床研究部門については中間管理職に生え抜き組みが多いが，今後は管理職層の外部採用が必要かも知れない。現在の中途採用の多くは営業職が中心である。人事部そのものも，近年大きな改革を短期間で行ったため，多くの中途採用を行った。

　米系医薬 S でも，人事部が主導して全社一律に昇格を実施することはしていない。職務によって昇格要件が異なるのでラインが昇格案を立案してから人事部に相談が来る。格付け等級の上位レベルへの昇格については，人事部とラインが協議して決定する。管理職は営業職の場合を例にとれば，内部昇格が中心である。外部から管理職を採用してしまうと，従業員のモチベーションに影響するからである。同時に，営業部門が中心の会社であり，社内にある程度次を担える人材がいるため，わざわざ外部から管理職層を採用する必要はないと考えている。逆にいえば，営業職以外の職能については，外部から中途採用も結構ある。営業職は日本国内の顧客を対象に仕事をしているが，その他の職種については全世界共通のマネジメントの仕方が導入されて

いくなかにあって，英語を使って全世界共通のやり方をしていくことが要求されており，そのためにはすでに同様の経験をしたことがある人を採用するのが近道であるためである。

米系電機 B では，2005 年までは，人事部がビジネスユニット別職種別に昇格可能な数を設定（同社では「枠管理」と呼んでいた）し，ラインが上位のラインと相談して決定していた。これは，同社では非管理職層から初級管理職層（主任）に昇格するのが入社後第 1 のキャリアの区切りとなっており，人件費管理を行う必要もあったため，人事部がその枠を管理していたものである。昇格の際の決定基準は「コンピテンシー」と「専門能力」となっている。「コンピテンシー」については日頃仕事をともにしている直属の上司が評価し，「専門能力」についてはより上位の専門家に評価された方が公正な評価がなされるという社内の声が多かったため，現在は従業員が能力を自己評価し，コンピテンシーを評価した所属長と「審査パネル」（ビジネスユニットの本部長クラスで構成し，専門能力を評価する役割を持つ）の承認を得ることとなっている。ただしこれは日本の法人独自の方法で，他の国々はラインが上位の管理職と相談して決定するだけである。

米系電機 H では，上級管理職（Director レベル）への昇格は，所属従業部の長が起案し，日本の社長（Coutry GM と呼ばれる）の承認後，アジア地域本社の統括社長の承認が必要となる。さらに上位の格付け等級への昇格（日本の副社長クラス以上）は，アメリカ本社の社長承認が必要である。上記以外のレベルへの昇格は，日本国内において，ラインが起案し，その上位ラインが承認するしくみになっている。基本的に昇格の申請および承認はラインが実施する。ただし管理職の比率など運用上のガイドラインがあるものや，資格ごとに定められた分布のガイドラインに沿っているかどうかについては，人事部がそれを確認してラインに対しガイダンスを行う。管理職への昇格は，結果的に内部昇格の方が人数としては多いが，より上位のポジションほど，社内候補者と社外候補者を比較して採用者を決定する。

米系金融 A では，一般従業員は入社 7 年から 8 年までは年功的な昇格運用をしており，人事部が従業員ごとの等級滞在年数や過去の人事考課結果など

基本情報をラインに提供し，それに基づきラインが昇格を起案して上位のラインが承認する。管理職への昇格の場合は，人事部から提供される基本情報をもとにラインが起案し，人事部が主催し役員で構成される人事委員会で内容をレビューし昇格を決定する。

6 事例調査のまとめ

6.1 社員格付け制度

職能資格制度を採用している企業（日系金融D，日系医薬E），役割等級制度を採用している企業（日系電機M，日系電機N，日系流通I），職務等級制度を採用している企業（日系医薬S，米系医薬M，米系医薬S，米系電機B，米系電機H）に大別できた。このうち，役割等級制度を採用している3社は，いずれも職能資格制度から制度移行した企業であった。

6.2 採用

事例企業の採用活動は，新規学卒者採用中心（日系医薬E，日系電機M，日系電機N，日系金融D，日系流通I），ほぼ同数（日系医薬S，米系電機B），中途採用中心（米系医薬M，米系医薬S，米系電機H，米系金融A）に大別できた。新規学卒者採用ではすべての企業において人事部員とラインの担当者双方が採用面接に参加していたが，中途採用では人事部が採用面接に参加していないケースが見られた。合否決定は合議によって判断されていたが，採用にあたって基礎能力が重視される場合は人事部の判断が尊重されており，部門・職務への適性が重視される場合はラインの判断が重視されていた。新規学卒者採用であっても配属事業部や担当職能が最初から特定されているケースは後者に該当した（日系電機M，日系電機N，米系電機B社，米系電機Hにこのようなケースが見られた）。

このように，第3章の仮説1に示した「仕事と本人のスキルのマッチングの重要度が人的資源管理の実施主体を規定する」状況が事例を通して確認された。

6.3 人事異動

　程度の差こそあれ，日系医薬E，日系電機M，日系電機N，日系金融D，日系流通I，米系金融Aの6社では職能を超える配置転換が定着していた。これらの企業では人事考課表や従業員に関する日常の評判，会議・研修での従業員本人の発言などを通して人事部が主体的に従業員の職務遂行状況を把握し人事異動計画立案の際に関与していた。ここで収集する人事情報は，仕事の結果そのものよりも目標達成へ向けた実行力，責任感，リーダーシップなどに重点が置かれていた。ただし日系電機Nにおいては，ラインの立場に近い，事業部に属する，事業部出身の事業部人事担当がこれを行っていた。

　これに対して，たとえば研究開発と営業など，組織機能の独立性が高くデザインされている日系医薬S，米系医薬M，米系医薬S，米系電機B，米系電機Hでは職能を超える配置転換が定着しておらず，人事異動計画の立案における人事部のかかわり方は人事的な社内手続きのサポートなど限定的であった。これらの企業では異動の際には職能固有スキルが重要視されており，そうした情報は人事部にとっては情報理解の難易度が高く，ゆえに従業員の職務遂行状況等の人事情報把握はラインに委ねられていた。このように，仮説2に示した，「従業員の職務遂行状況や適性についての情報収集および理解の難易度が人的資源管理の実施主体を規定する」という実態が確認された。

6.4 評価（人事考課・昇給・昇格）

　人事考課に対する人事部の関与度合いも様々であったが，事例企業の取り組みは次の2つに大別できた。すなわち，①実質的に人事部が人事考課を最終決定，あるいは人事部が日頃から収集している従業員の情報を提供することにより人事考課結果の調整に少なからぬ影響を与える（日系金融D，日系医薬E，日系流通I，日系電機M，米系医薬S），②人事部は分布ガイドラインの周知徹底や調整期限の管理といった手続き面でのサポートが中心（日系電機N，日系医薬S，米系医薬M，米系電機B，米系電機H，米系金融A）。

　昇給の運用においては，同じ評価を得た従業員間の公平性が保たれるしく

みになっている企業（日系医薬E，日系医薬S，日系電機M，日系電機N，日系流通I，日系金融D，米系医薬S）とそうでない企業（米系医薬M，米系電機B，米系電機H，米系金融A）があった。

　昇格の運用については，①すべての昇格案件について人事部が立案・承認に深く関与している企業（日系金融D，日系医薬E，日系流通I，日系電機M），②基本的にラインが昇格を立案・実施し，うち上級管理職についてのみ人事部が関与している企業（日系医薬S，日系電機N，米系医薬M，米系医薬S，米系電機B，米系電機H，米系金融A）に大別できた。

　職務遂行能力，役割を基本給決定の際に重視している企業（日系医薬E，日系電機M，日系金融D，日系流通I）においては，内部公平性を重視し，人事考課や昇格などの主な人的資源管理の運用において人事部が主体となって実施している実態が見られた。ただし，日系電機Nにおいては，非組合員に関する人事考課や昇格の運用に関してラインに権限が委譲されており，全社のガイドラインをはずれるような極端な場合については人事部指導する場合があるものの，基本的にはラインが実施し，それをラインの立場に近い，事業部に属する事業部出身の事業部人事担当がサポートしていた。

　逆に，職務価値を重視しているとした企業（日系医薬S，米系医薬M，米系医薬S，米系電機B，米系電機H）は，主な人的資源管理をラインが主体的に運用していた。以上のことから，仮説3に示した「人事制度のタイプが人的資源管理の実施主体を規定する」実態が確認されたといって差し支えないだろう。

6.5　人事部は変化しているのか

　以上の結果を企業ごとにまとめてみると，表4-3に示す通りとなる。

　なかでも日系金融D，日系流通I，日系医薬E，日系電機Mは，新規学卒採用を要員計画の中心に置き，職能資格制度あるいは役割等級制度のもとに，人事部による集権管理によって職能を超えるローテーションを行い，昇給や昇格の内部公平性を確保しながら長期的に人材活用をしている姿が鮮明に見られた。

表 4-3 企業ごとの状況

調査対象企業	社員格付け制度[1]	採用の中心[2]	採用の決定権限[3]	職能を超える配置転換	人事権	人事部による人事情報収集	人事考課の最終決定[6]	昇給率(額)の決定権[7]	昇格の最終決定
日系電機M	人基準	新卒	人事部[4]	定着している	人事部[5]	あり	人事部	人事部	人事部
日系電機N	人基準	新卒	合議	定着している	ライン	あり	ライン	人事部	ライン
日系医薬E	人基準	新卒	合議	定着している	人事部	あり	人事部	人事部	人事部
日系医薬S	仕事基準	新卒／中途	ライン	ほとんどない	ライン	なし	ライン	人事部	ライン[8]
日系金融D	人基準	新卒	人事部	定着している	人事部	あり	人事部	人事部	人事部
日系流通I	人基準	新卒	人事部	定着している	人事部	あり	人事部	人事部	人事部
米系電機B	仕事基準	新卒／中途	ライン	ほとんどない	ライン	なし	ライン	ライン	ライン
米系電機H	仕事基準	中途	ライン	ほとんどない	ライン	なし	ライン	ライン	ライン
米系医薬M	仕事基準	中途	ライン	ほとんどない	ライン	なし	ライン	ライン	ライン
米系医薬S	仕事基準	中途	ライン	ほとんどない	ライン	あり	人事部	人事部	ライン
米系金融A	人基準	中途	ライン	定着している	人事部	あり	ライン	ライン	ライン

注：
1)「社員格付け制度」は、職能資格制度あるいは役割等級制度の場合は「人基準」、職務等級制度の場合は「仕事基準」とした。
2)「採用の中心」は、新規学卒採用の採用が多い場合は「新卒」、中途採用者の採用が多い場合は「中途」、ほぼ同数の場合は「新卒／中途」と記した。
3)「採用の決定権限」は、各社における採用の中心（新卒あるいは中途）にたいして人事部とラインのいずれが採用決定に強い影響を及ぼすかを記した。
4) 日系電機Mでは、基本的に新規学卒者に対しては人事部が採用合否判断に強い影響を持つが、すでに配属先が決まっている新規学卒者に対しては、配属先のラインが採用合否を判断する。
5) 日系電機Mでは、事業部内の異動は業務部、事業部門間の異動は人事部が主導する。
6) たとえば最終的に社長が決裁する手続きになっていたとしても、実質的に人事部が決定している場合には「人事部」とした。
7) ここでは、同じく人事考課結果に基づき人事部が定めた係（額）による昇給率（額）に深く関与している場合は「人事部」とした。
8) 日系医薬Sでは、上級管理職についてのみ人事部が昇格決定に深く関与していた。

これとは対照的に，米系医薬M，米系電機B，米系電機Hは，中途採用を要員計画の中心に置き，職務等級制度のもとに，ラインによる分権管理によって仕事をベースとした人的資源の活用，昇給や昇格の運用がなされている様子が把握できた。

　これらのことは，日本企業において特徴的な人的資源管理制度を，人事部集権のもとに運用する日本的雇用慣行と，アングロサクソン企業に特徴的な人的資源管理制度をライン分権のもと運用するアングロサクソン的雇用慣行が維持されていることを示しており，すなわち，日本企業において特徴的である人的資源管理制度の人事部集権による運用という実態は変化していない，といって過言ではないだろう。

　とはいえ，すべての企業に全く変化が見られない，ということではない。

　日系医薬Sは米系医薬S，米系医薬Mとともに，人基準である職能資格制度から仕事基準である職務等級制度に変更した企業であるが，米系医薬の2社がアメリカ本社主導で制度切り替えを行ったのとは異なり，日系医薬Sは自社の判断で制度を切り替えた。また，人事部の在り方も一部の運用を除いて，いわゆるアングロサクソンモデルでの運用に変え，それまでの人事部集権からライン分権への移行を行った。取引コストの観点から見れば，「日本企業において特徴的な人的資源管理制度を，人事部集権のもとに運用する日本的雇用慣行」と「アングロサクソン企業に特徴的な人的資源管理制度をライン分権のもと運用するアングロサクソン的雇用慣行」はそれぞれにおいてコストを節約できる組み合わせといえ，日系医薬Sが人的資源管理制度の内容とその運用の両方を変化させたのは合理的であったといえよう。

　変化の途中にあると見えたのは，日系電機Nであった。同社は，新規学卒採用を要員計画の中心に置き，役割等級制度を社員格付け制度として採用しているが，人的資源管理運用のラインへの分権を進めた。このような状況にあっても依然として職能を超える配置転換をある範囲内では相当数行っているものの，その数や頻度は人事部集権管理の時代と比べて減っており，今後の動向が注目される。

　このように，一部で変化の兆しが見えるものの，全体としては，新規学卒

図 4-9　事例調査のまとめ（概念図）

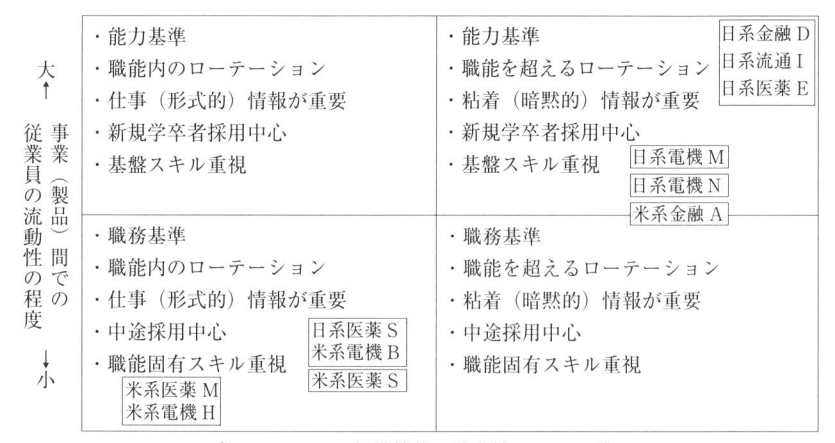

従業員の流動性の程度　大↑↓小　事業（製品）間での	・能力基準 ・職能内のローテーション ・仕事（形式的）情報が重要 ・新規学卒者採用中心 ・基盤スキル重視	・能力基準 ・職能を超えるローテーション ・粘着（暗黙的）情報が重要 ・新規学卒者採用中心 ・基盤スキル重視　日系金融 D／日系流通 I／日系医薬 E　日系電機 M／日系電機 N／米系金融 A
	・職務基準 ・職能内のローテーション ・仕事（形式的）情報が重要 ・中途採用中心　日系医薬 S／米系電機 B ・職能固有スキル重視　米系医薬 S　米系医薬 M／米系電機 H	・職務基準 ・職能を超えるローテーション ・粘着（暗黙的）情報が重要 ・中途採用中心 ・職能固有スキル重視

高い　←　組織機能の独立性　→　低い
（低い←　ある部門の経験を他部門で活用できる程度→　高い）

注：上図は調査企業各社のおおよその位置を示した概念図であり実際は重なった位置に存在している場合もある。
出所：筆者作成。

採用，職能を超えるローテーションとそれを支える人基準の制度を，人事部による集権管理によって長期に運用する，という構図には変化はないと見るのが妥当であろう。

　すなわちこれは，日本企業における人事部とラインの関係は変化していないことを意味し，すなわちそれを代替指標として捉える本書の立場に立てば，日本的雇用慣行は変化していないと考えるべきであろう。

6. 6　事例対象企業の人的資源管理の特徴

　これまでに見てきた事例調査結果から，事例対象企業の人的資源管理の特徴を第 3 章の図 3-1 で示した 4 象限に配置すると図 4-9 のようになる。第 1 象限の 6 社は，米系金融 A を除き，程度の差こそあれ，いわゆる人基準の社員格付け制度を採用し，新規学卒採用を主とし，程度の差こそあれ職能を超える人事異動が定着し，そうした人事異動や評価に際しての裏づけの 1 つ

図 4-10 事例対象企業の人事部の特徴

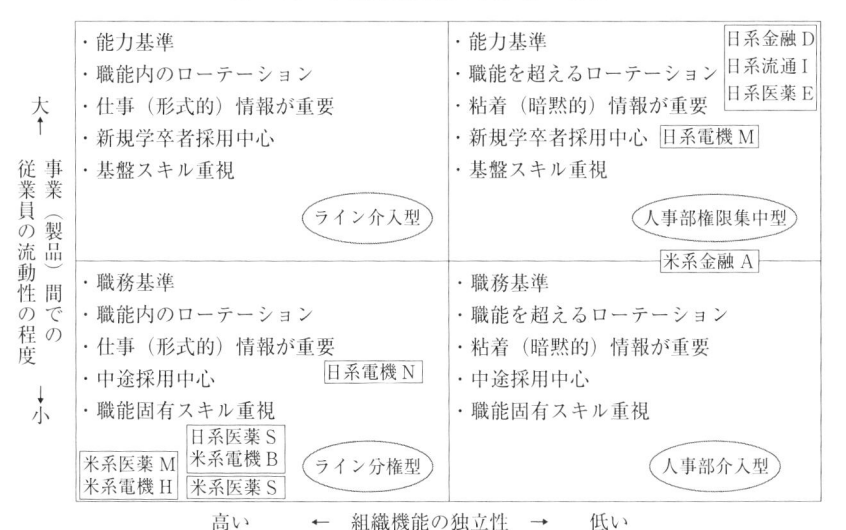

大↑ 事業（製品）間での従業員の流動性の程度 ↓小	・能力基準 ・職能内のローテーション ・仕事（形式的）情報が重要 ・新規学卒者採用中心 ・基盤スキル重視 （ライン介入型）	・能力基準　　　　　日系金融 D ・職能を超えるローテーション　日系流通 I ・粘着（暗黙的）情報が重要　日系医薬 E ・新規学卒者採用中心　日系電機 M ・基盤スキル重視 （人事部権限集中型） 　　　　　　　　米系金融 A
	・職務基準 ・職能内のローテーション ・仕事（形式的）情報が重要 ・中途採用中心　日系電機 N ・職能固有スキル重視 米系医薬 M　日系医薬 S 米系電機 H　米系電機 B　米系医薬 S （ライン分権型）	・職務基準 ・職能を超えるローテーション ・粘着（暗黙的）情報が重要 ・中途採用中心 ・職能固有スキル重視 （人事部介入型）

高い　←　組織機能の独立性　→　低い
（低い←　ある部門の経験を他部門で活用できる程度→　高い）

出所：筆者作成。

として人事部が日頃から従業員の情報収集を意識して行っている企業であった。対照的に，第3象限に位置する5社は，いわゆる仕事基準の社員格付け制度を採用し，中途採用を主とし，職能を超える人事異動はほとんどなく，人事部が日頃から従業員の情報収集を意識して行ってはいない企業であった。

6.7 事例対象企業の人事部の特徴

本章の最後として，調査対象11社の人事部の特徴を第3章の図3-2上にプロットしてみる（図4-10）。ほとんどの企業が，いわゆる「日本的雇用慣行（第1象限および第4象限がこれに該当する）とそれを支える人事部権限集権体制」（日系金融D，日系流通I，日系医薬E，日系電機M），あるいは「アングロサクソン的雇用慣行（第2象限と第3象限がこれに該当する）とそれを支えるライン分権体制」（米系医薬M，米系医薬S，米系電機H，米系電機B，日系医薬S）のいずれかに属する状況が見てとれる。先に見た通り，取引コ

スト節約の観点から見て，適切な組み合わせといえる。
　この中で特に例外的な状況であったのが，日系電機Nである。日系電機Nは，新規学卒採用，役割等級制度，職能を超える配置転換などの日本的雇用慣行をベースとしながらも，人事部の特徴は主な人的資源管理の運用をラインに分権する「ライン分権型」であった。この現象をあくまで例外的な現象として捉えるべきか，あるいはこの現象を説明する理論が存在するのかについては，今後の研究課題である。

第5章

郵送質問紙調査（2008年～2009年）
―― データで見る人事部とラインの「管轄」

1　郵送質問紙調査の目的

　本章では，第4章で検討した事例調査結果を異なる視点により検証するために実施した，郵送質問紙調査の結果を検討する[1]。

　仮説検証のために郵送質問紙調査という手法を用いたのは，マンジョーニ（Mangione 1995）や林（2006）にあるように，地域的に広く散在する多数の調査対象者をカバーしやすく，応答者が必要により情報を調査したうえで回答でき，単なる聴覚による情報提供ではなく視覚による情報提供ができるといった長所を持つ手法だからである。また，事例調査に加えて郵送質問紙調査を行ったのは，サンダースほか（Sanders et al. 2014）にあるように，相互の調査方法の強み・弱みを補完し合い，より確かな調査結果を得ることが期待できるからである。

　調査は2回に分けて実施した。

　第1回調査は，2008年2月に行った，企業の人事部を対象に実施した調査

---

[1]　郵送質問紙調査は，慶應義塾学事振興資金の支援を得て慶應義塾大学産業研究所「人事部門の組織と機能に関する研究会」（主査：八代充史　慶應義塾大学商学部教授）の研究活動を通して実施された。支援いただいた慶應義塾大学産業研究所，主査として活動を導いてくださった八代充史教授，ならびに多くの有益な助言をくださった研究会メンバー各位に感謝申し上げたい。

であり，第2回調査は，2009年1月に行った，企業のラインを対象に実施した調査である。

人事部とライン双方に対して調査を実施した理由は次の通りである。先に見た通り，人的資源管理において人事部とラインの間には駆け引き的行動が生じる可能性が高く，これは人的資源管理の運用に対する双方の解釈の違いと関係している。すなわち，人事部だけに問えば，それは人事部としての主観が入るのが自然であり，よって，人的資源管理運用の実態に関しては，その双方から意見聴取をすることが欠かせないと考えたのである。

2　質問調査票の設計

最初に，質問調査票の設計を行った。具体的には，説明変数と被説明変数の関係を考慮に入れながら全23の質問項目を設定した。質問調査票の設計にあたって検討した説明変数と被説明変数の関係は表5-1の通りである。

まず，仮説1で明らかにしたいのは，「仕事と本人のスキルのマッチングの重要度」と「人的資源管理の実施主体」の関係であった。「従業員配属時の，仕事と本人のスキルのマッチングが重要であるかの程度」を回答者に直接に聞いたならば，その「程度」には回答者の個人感覚差が反映されてしまうため，客観的事実によって回答できるようにするのが望ましいと考えた。新規学卒者採用（アンケートでは，実務者にとって一般的な「新卒採用」という用語を用いた）の場合は，短期的な仕事と本人のスキルのマッチングは重視しない場合が一般的であり，逆に中途採用の場合はこれを重視する場合が一般的である。そこで「マッチングの重要度」の代替指標として「新卒採用が主であるか」，「中途採用が主であるか」を問1に設定すると同時に，念のため問2，3には新卒採用ならびに中途採用それぞれの選考基準として基礎能力と専門能力のいずれを重視するかを確認することにより，マッチングの重視度の確認を試みた。もちろん，従業員の配属手段には従業員を新規に採用する場合と社内異動による場合とがある。そこで，職能を超える配置転換が定着している企業は，短期的には仕事と本人の保有スキルのマッチングをさ

表 5-1　質問調査項目における説明変数と被説明変数の関係

	1～12 説明変数 13～23 被説明変数	全体的な分担への影響	新卒採用分担への影響	中途採用分担への影響	人事異動分担への影響	考課・昇格分担への影響
問1	採用の主流（新卒，中途）	×	×	×		
問2	新卒採用選考基準（基礎能力，専門能力）	×	×			
問3	中途採用選考基準（基礎能力，専門能力）	×		×		
問4	職能を超える配置転換定着の有無	×	×	×	×	
問5	従業員の職務遂行状況の情報収集の有無	×			×	×
問6	情報収集している場合のチャネル	×			×	×
問7	情報収集していない場合の理由	×			×	×
問8	昇給予算の執行（ラインの裁量なし，裁量あり）	×				×
問9	賞与予算の執行（ラインの裁量なし，裁量あり）	×				×
問10	部下の賃金額の把握方法	×				×
問11	能力開発の考え（会社責任，本人責任）	×	×	×		
問12	賃金決定基準（職務価値，職能，役割）	×			×	×
問13	新卒採用合否決定の担当		被説明変数			
問14	中途採用合否決定の担当			被説明変数		
問15	同一職能内人事異動の起案担当				被説明変数	
問16	同一職能内人事異動の最終決定担当				被説明変数	
問17	職能を超える人事異動の最終決定担当				被説明変数	
問18	昇格人事の起案担当					被説明変数
問19	昇格人事の最終決定担当					被説明変数
問20	人事考課分布調整の担当					被説明変数
問21	人事制度規定の運用の柔軟性	被説明変数				
問22	全社教育の担当	被説明変数				
問23	総合的に見た人事労務管理の担当	被説明変数				

出所：筆者作成。

ほど重視しない企業と見なし，問4として説明変数に加えた。こうした説明変数を受ける被説明変数として，新卒採用および中途採用合否決定の担当を確認する設問を問13と問14に設定した。また個別の職務の担当だけでなく，総合的に見た人的資源管理の担当を確認する設問を問23に設定した。

次に仮説2で明らかにしたいのは，「従業員の職務遂行状況や適性についての情報収集および理解の難易度」と「人的資源管理の実施主体」の関係であった。職務遂行状況の情報収集の有無については，問5で直接問うこととした。有無そのものについては，回答者による客観的回答が可能だからである。難易度については，回答者の主観が入る可能性が高いため，問6において情報を収集しているチャネルを確認し，また収集していない場合には問7でその理由を確認することによって推察することとした。これに対する被説明変数としては，問15から問20において，人事異動の意思決定主体や昇格人事，人事考課の実施担当などを確認することとした。

最後に仮説3で明らかにしたいのは「人事制度のタイプ」と「人的資源管理の実施主体」の関係であった。そこで，人事制度のタイプを決定づける最も大きな要素といえる賃金決定基準を問12に設定し，その被説明変数としては仮説2と同じく，問15から問20において，人事異動の意思決定主体や昇格人事，人事考課の実施担当などを確認することとした。

3　第1回郵送質問紙調査
――人事部は自らの「管轄」をどう見ているのか

3.1　調査対象の検討

調査対象は従業員数1,000人以上の国内企業とした。本書は日本の大企業を対象としたものであり，その理由は人事部の機能がある程度独立しラインとの役割分担をしながら人的資源管理を行っている実態を調べるには相当の企業規模が必要であろうと考えたからである。そしてこの「大企業」を従業員1,000人以上の企業としたのは，過去の大企業対象の調査研究において広く用いられている区分であると考えたからである。また，実際に質問に対す

表 5-2　従業員数階級別企業の割合

(単位：％)

区分	社数(社)	1,000～1,999人	2,000～2,999人	3,000～3,999人	4,000～4,999人	5,000人以上	平均（人）
	148	60.1	18.2	6.1	4.1	11.5	2,555

る回答を依頼したのは，対象企業の人事部である。人的資源管理の運用と人事部の在り方を調査するにあたっては，主たる当事者である人事部に回答を依頼するのが最良と考えたからである。

3.2　配布と回収

本調査は，従業員数1,000人以上の企業2,042社の人事責任者宛に調査票を郵送した結果，148社から有効回答を得た（有効回収率7.2％）。調査実施期間は2008年2月4日～2009年2月22日である。

3.3　回答企業の構成

回答企業の構成は表5-2の通りである。まず，従業員数の平均は2,555人である。ただし，過半数（60.1％）の回答企業が，1,000～1,999人規模に分布している。

回答企業の業種別割合は，構成比の多い順に，①製造業（41.9％），②金融・保険業（10.8％），③情報処理・ソフトウェア業（7.4％），④運輸業（6.8％），⑤卸売業，小売業（ともに6.1％）である（表5-3）。規模別に見ても，この傾向に大きな相違は見られなかった。資本関係では，株式上場企業が34.5％，非上場企業が60.8％であり，いわゆる外資系企業は4.1％である（表5-4）。組織形態別では，本社のもとに事業ごとに編成された組織（事業部）を配置した事業別組織形態の企業が過半数（55.4％）を占めており，次いで，営業，生産といった経営機能ごとに編成された機能別組織形態の企業が36.5％である（表5-5）。以上がデータの基本性格である。

表 5-3　業種別企業の割合

(単位：％)

区分	社数（社）	農林漁業	鉱業	建設業	不動産業	製造業	運輸業	通信業	電気・ガス・水道業	卸売業	小売業	金融・保険業	情報処理・ソフトウェア業	飲食店・宿泊業	医療・福祉	教育・学習支援	その他	無回答
総計	148	0.0	0.0	4.1	0.7	41.9	6.8	2.0	1.4	6.1	6.1	10.8	7.4	2.1	0.7	0.0	9.5	0.7
1,000～1,999人	89	0.0	0.0	3.4	1.1	41.6	6.7	0.0	1.1	5.6	5.6	11.2	7.9	2.2	1.1	0.0	12.4	0.0
2,000～2,999人	27	0.0	0.0	3.7	0.0	48.1	3.7	3.7	0.0	3.7	11.1	11.1	3.7	3.7	0.0	0.0	3.7	3.7
3,000～3,999人	9	0.0	0.0	0.0	0.0	33.3	11.1	0.0	0.0	22.2	11.1	11.1	11.1	0.0	0.0	0.0	0.0	0.0
4,000～4,999人	6	0.0	0.0	16.7	0.0	50.0	0.0	0.0	16.7	0.0	0.0	0.0	0.0	0.0	0.0	0.0	16.7	0.0
5,000人以上	17	0.0	0.0	5.9	0.0	35.3	11.8	11.8	0.0	5.9	0.0	11.8	11.8	0.0	0.0	0.0	5.9	0.0

表 5-4　資本関係

区分	社数	％
日本企業（株式上場企業）	51	34.5
日本企業（非上場企業）	90	60.8
米企業の100％在日子会社	2	1.4
上記以外の外資系企業	4	2.7
無回答	1	0.7
合計	148	100.0

表 5-5 組織形態

区分	社数	%
機能別組織	54	36.5
事業別組織	82	55.4
マトリクス組織	10	6.8
持株会社	2	1.4
合計	148	100.0

3.4　調査結果の概要（単純集計）

調査結果を単純集計し，表5-6にまとめた結果，次のことがわかった。

① 従業員採用の中心は新規学卒者であり（86.5％），その採用時には回答企業の73.6％が「会社全体に共通して必要な基礎的な能力や行動様式」を重視する（5-6-1，5-6-2）。

② 一方，中途採用者の採用時には回答企業の86.5％が「入社後に従事させる予定の職務遂行に必要な専門的能力や行動様式」を重視する（5-6-3）。

③ 36.5％の企業が，「経理，営業，人事といった職能を超える定期的な配置転換」が定着していると回答した（5-6-4）。

④ 85.8％の企業が，人事部において従業員の日頃の職務遂行状況や適性に関する人事情報を収集しており，その主な方法は「自己申告シートなどの定型フォーマットにより収集」が70.9％，「ライン管理職と面談して収集」および「研修での観察を通して収集」が48.6％となっている（5-6-5）。

⑤ 昇給予算ならびに賞与予算の執行については，大半の企業（それぞれ87.2％と83.1％）が，「人事考課結果が決まれば，それに応じた昇給額・賞与額（率）が自動的に割り振られる」しくみを採用（5-6-6，5-6-7）。

表5-6 人事賃金制度の導入状況や，人的資源管理の実態について

5-6-1

問1. 従業員は，次のうちいずれの考えで採用していますか	社数	%
新規学卒者を中心とした採用をしている	128	86.5
中途採用を中心としている	18	12.2
無回答	2	1.4
合計	148	100.0

5-6-2

問2. 新規学卒者採用において，次のいずれを相対的に重視しますか	社数	%
会社全体に共通して必要な基礎的な能力や行動様式	109	73.6
入社後に従事させる予定の職務遂行に必要な専門的能力や行動様式	36	24.3
無回答	3	2.0
合計	148	100.0

5-6-3

問3. 中途採用において，次のいずれを相対的に重視しますか	社数	%
会社全体に共通して必要な基礎的な能力や行動様式	16	10.8
入社後に従事させる予定の職務遂行に必要な専門的能力や行動様式	128	86.5
無回答	4	2.7
合計	148	100.0

5-6-4

問4. 経理，営業，人事といった職能を超える定期的な配置転換は定着していますか	社数	%
定着している	54	36.5
定着していない	93	62.8
無回答	1	0.7
合計	148	100.0

5-6-5

問5．人事部は，従業員の日頃の職務遂行状況や適性に関する情報を収集していますか	社数	%
収集している	127	85.8
収集していない	21	14.2
合計	148	100.0

5-6-5 (1)

収集している場合の方法 （複数回答あり）	社数	%
自己申告シートなどの定型フォーマット	105	70.9
従業員との面談	57	38.5
ライン管理職との面談	72	48.6
職場会合	21	14.2
研修での観察	72	48.6
その他	3	2.0

5-6-5 (2)

収集していない場合の理由 （複数回答あり）	社数	%
意識せずとも入手	6	4.1
収集に手間がかかる	8	5.4
内容理解が困難	2	1.4
人事部では活用しない	13	8.8
その他理由	3	2.0

5-6-6

問8．昇給予算の執行は，次のどちらの考えで行われますか	社数	％
人事考課結果が決まれば，それに応じた昇給額（率）が自動的に割り振られる	129	87.2
ライン管理職は，人事部からあらかじめ示される昇給予算の範囲内で任意に部下の昇給額を決定する	12	8.1
その他	6	4.1
無回答	1	0.7
合計	148	100.0

5-6-7

問9．賞与予算の執行は，次のどちらの考えで行われますか	社数	％
人事考課結果が決まれば，それに応じた賞与額（率）が自動的に割り振られる	123	83.1
ライン管理職は，人事部からあらかじめ示される予算枠内で任意の部下の賞与額を決定する	17	11.5
その他	7	4.7
無回答	1	0.7
合計	148	100.0

5-6-8

問10．ライン管理職は，自分の部下の賃金額をいつでも把握できますか	社数	％
把握する必要がある場合は，人事部に確認するようになっている	90	60.8
ライン管理職自身がいつでも把握できるようになっている	52	35.1
その他	6	4.1
合計	148	100.0

5-6-9

問 11. 従業員の能力開発に対する基本的考えは，次のいずれに近いですか	社数	％
会社が責任を持って，従業員の能力開発を行うべきものだと考えている	65	43.9
従業員本人が自らの能力開発に責任を持って，自ら行うべきものだと考えている	62	41.9
その他	20	13.5
無回答	1	0.7
合計	148	100.0

5-6-10

問 12. 基本給を決定する際には，次のいずれが重視されますか	社数	％
年齢	21	14.2
勤続年数	8	5.4
職務遂行能力	83	56.1
職務価値	14	9.5
役割	16	10.8
その他	6	4.1
合計	148	100.0

⑥自分の部下の賃金をライン管理職自身がいつでも把握できるようになっている企業が35.1％であるのに対し，都度人事部に確認するしくみになっている企業が60.8％（5-6-8）。

⑦従業員の能力開発に対して，会社が主体的に行うとしている企業と，従業員本人が主体的に行うべきものとする企業の割合が，それぞれ43.9％と41.9％と，拮抗している（5-6-9）。

⑧基本給決定の際に最も重視される点としては，職務遂行能力（56.1％）が過半を占めており，次いで年齢（14.2％），役割（10.8％），職務価値（9.5

%），勤続年数（5.4%）の順となっている（5-6-10）。

3.5　人的資源管理の実施主体

回答企業全体では「総合的に見て人事部が人的資源管理の実施主体となっている」と回答した企業が62.2%を占めた。業種別では，金融・保険業はその割合が高く（87.5%），建設業は相対的に低い（16.7%）（表5-7）。

また，今回の調査対象とした従業員1,000人以上規模の企業においては，従業員数が多い企業ほど総合的に見て人事労務管理の実施主体が人事部門になるという明確な傾向は見られなかった（表5-8）。

これを人的資源管理機能別に見ると，人事部が主体となって運用している傾向が強い機能は，割合の高い順に，①昇格人事の最終決定（87.8%），②人事考課結果の最終分布調整（79.7%），③新規学卒採用者の合否の最終決定（77.7%），④職能を超える人事異動の最終決定（70.9%）であり，逆にラインが主体となっている傾向が強い機能は，同一職能内の人事異動の起案（76.4%）である（表5-9）。

3.6　人的資源管理の運用実態とその実施主体との関係

人的資源管理の運用実態と人的資源管理の実施主体にはどのような関係があるだろうか。この点について分析したところ，以下のことが確認された（表5-10）。

まず，採用の主流が新規学卒者であっても，中途であっても，「総合的に見た人的資源管理の実施主体が人事部である」と回答した割合にほとんど差がなかった（それぞれ61.7%と61.1%）。このことから，採用において新規学卒者を主流にするか中途を主流にするかということ自体は，人的資源管理の実施主体には影響を与えていないようである。しかしながら，採用の主流が新卒あるいは中途のいずれかにかかわらず，全社共通の基礎能力よりも職種の専門能力を採用選考の際に重視する企業においては，人的資源管理の実施主体が人事部であると回答した企業の割合が低下していた。このことから，新規学卒者採用や中途採用といった採用対象そのものではなく，仕事と本人

表 5-7 人的資源管理の実施主体の割合（業種別）

業種	総合的に見た人事労務管理の実施主体			
	「人事部」と回答した社数	%	「ライン」と回答した社数	%
建設業	1	16.7	5	83.3
不動産業	1	100.0	0	0.0
製造業	35	56.5	27	43.5
運輸業	5	50.0	5	50.0
通信業	3	100.0	0	0.0
電気・ガス・水道業	2	100.0	0	0.0
卸売業	5	55.6	4	44.4
小売業	6	66.7	3	33.3
金融・保険業	14	87.5	2	12.5
情報処理・ソフトウェア業	6	54.5	5	45.5
飲食店・宿泊業	2	66.7	1	33.3
医療・福祉	0	0.0	1	100.0
その他	12	80.0	3	20.0
合計	92	62.2	56	37.8

表 5-8 人的資源管理の実施主体の割合（従業員規模別）

従業員数（人）	1,000～1,999	2,000～2,999	3,000～3,999	4,000～4,999	5,000 以上
人事部が主体と回答した企業	49社(55.1%)	22社(81.5%)	7社(77.8%)	4社(66.6%)	10社(58.8%)
ラインが主体と回答した企業	40社(44.9%)	5社(18.5%)	2社(22.2%)	2社(33.4%)	7社(41.2%)
合計	89社(100%)	27社(100%)	9社(100%)	6社(100%)	17社(100%)

表 5-9 人的資源管理の実施担当

人的資源管理機能	人事部 社数	人事部 %	ライン 社数	ライン %	無回答 社数	無回答 %
新規学卒採用者の合否の最終決定	115	77.7	30	20.3	3	2.0
中途採用者の合否の最終決定	78	52.7	65	43.9	5	3.4
同一職能内の人事異動の起案	35	23.6	113	76.4	0	0.0
同一職能内の人事異動の最終決定	73	49.3	75	50.7	0	0.0
職能を超える人事異動の最終決定	105	70.9	42	28.4	1	0.7
昇格人事の起案	48	32.4	99	66.9	1	0.7
昇格人事の最終決定	130	87.8	18	12.2	0	0.0
人事考課結果の最終分布調整	118	79.7	30	20.3	0	0.0
総合的に見て人的資源管理の実施主体	92	62.2	56	37.8	0	0.0

のスキルのマッチングの重要度という点が実施主体を規定していると解釈することができる。

　人事部が従業員の職務遂行状況に関する情報を収集している場合,「総合的に見た人的資源管理の実施主体が人事部である」と回答した割合は63.8％で,人事部が従業員の職務遂行状況に関する情報を収集していない場合と比べて11.4ポイント高かった。このことから,情報収集実施の有無が総合的な人的資源管理の実施主体に対してある程度影響していることを垣間見ることができた。

　残念ながら,情報収集の難易度までは明確に把握することができなかった。ただし,表5-11と表5-12にまとめた通り,人事部は「自己申告シートなどの定型フォーマット（105社,70.9％,複数回答含む。以下同じ）」,「従業員と

表 5-10　人的資源管理の運用方法とその実施主体との関係

		第1回調査	
設問	回答内容	回答数 (n=148)	各回答数のうち,「総合的に見た人的資源管理の実施主体が人事部である」と回答した数。 （　）内は割合
従業員は，次のうちいずれの考えで採用していますか	新規学卒者主流	128	79 (61.7%)
^	中途採用者主流	18	11 (61.1%)
^	無回答	2	−
新規学卒者採用において，次のいずれを相対的に重視しますか	全社共通の基礎能力	109	71 (65.1%)
^	採用職種の専門能力	36	18 (50.0%)
^	その他，あるいは無回答	3	−
中途採用において，次のいずれを相対的に重視しますか	全社共通の基礎能力	16	11 (68.8%)
^	採用職種の専門能力	128	78 (60.9%)
^	その他，あるいは無回答	4	−
人事部は，従業員の日頃の職務遂行状況や適性に関する情報を収集していますか	している	127	81 (63.8%)
^	していない	21	11 (52.4%)
^	無回答	0	−
基本給を決定する際には，次のいずれが重視されますか	年齢	21	13 (61.9%)
^	勤続年数	8	6 (75.0%)
^	職務遂行能力	83	49 (59.0%)
^	職務価値	14	7 (50.0%)
^	役割	16	12 (75.0%)
^	その他	6	−
「総合的に見て人事部が人的資源管理の実施主体となっている」と回答した企業		148	92 (62.2%)

表5-11 従業員の日頃の職務遂行状況や適性に関する情報の収集方法

収集方法（複数回答あり）	社数	%
自己申告シートなどの定型フォーマット	105	70.9
従業員との面談	57	38.5
ライン管理職との面談	72	48.6
職場会合	21	14.2
研修での観察	72	48.6
その他	3	2.0

表5-12 従業員の日頃の職務遂行状況や適性に関する情報を収集していない理由

収集していない場合の理由（複数回答あり）	社数	%
意識せずとも入手	6	4.1
収集に手間がかかる	8	5.4
内容理解が困難	2	1.4
人事部門では活用しない	13	8.8
その他理由	3	2.0

　の面談（57社，38.5％）」，「ライン管理職との面談（72社，48.6％）」，「職場会合（21社，14.2％）」，「研修での観察（72社，48.6％）」など様々な方法を工夫して人事情報収集を行っており，収集に手間がかかるという理由で情報を収集していなかった企業は8社（5.4％）にすぎなかったことから，人事部は収集可能な範囲内で従業員の職務遂行状況や適性についての情報収集を行っていることが見てとれた。

　職務遂行能力，年齢，勤続年数，役割のいずれかを基本給決定の際に重視している企業においては，総合的な人的資源管理を人事部が実施している企業の割合が高かった。逆に，職務価値を重視しているとした企業においてのみ，総合的な人的資源管理を人事部が実施していると回答した企業とラインが実施していると回答した企業が同数であった。

4　第2回郵送質問紙調査
　——ラインは自らの「管轄」をどう見ているのか

4．1　第2回調査の目的

　第2回調査は，第1回調査と同様の質問をラインに対して行い，人事部に対して行った第1回調査の結果を異なった角度から検証するために試みたものである。人事部とは別にラインに対して調査を行った理由は，先行研究でも報告されていた通り，人事部が人的資源管理制度に意図した狙いとラインがそれをビジネスの現場で運用する際の実態が異なる場合が少なからず存在し，この観点からいえば，人事部と同時にラインに調査を行うことによってはじめて，人事部とラインによる人的資源管理の分担について正しい理解ができるものと考えたからである。

4．2　調査対象

　調査対象は，第1回調査において有効回答を得た企業148社のうち企業名を公開いただいた109社に対して行い，27社から有効回答を得た（回収率24.8％）。企業名の判別が必要であったのは，人事部による回答とライン管理職による回答における相違の有無を企業ごとに確認したかったからである。本調査は調査対象企業1社あたり7人のラインに人事部経由で調査協力を依頼した。

4．3　配布と回収

　上記により調査対象を選別した結果，調査対象人数はのべ763名であり，うち回収が27社のべ127人，回収率16.6％であった。調査実施期間は2009年1月21日～2009年2月20日である。

4．4　回答企業および回答者の構成

　回答者の属する企業27社の属性は次の通りである。まず，従業員数の平均は2,900人である。ただし，過半数（55.6％）の回答企業が，1,000～

表 5-13 従業員数階級別企業の割合

(単位：%)

区分	社数(社)	1,000～1,999	2,000～2,999	3,000～3,999	4,000～4,999	5,000以上	平均(人)
	27 (148)	55.6 (60.1)	11.1 (18.2)	11.1 (6.1)	7.4 (4.1)	14.8 (11.5)	2,900 (2,555)

注：( ) 内は第1回調査の数字を示す。表5-14から表5-16までも同様である。

表 5-14 業種別企業の割合

(単位：%)

区分	社数(社)	製造業	運輸業	電気・ガス・水道業	卸売業	小売業	金融・保険業	情報処理・ソフトウェア業	その他
総計	27 (148)	44.4 (41.9)	7.4 (6.8)	3.7 (1.4)	11.1 (6.1)	3.7 (6.1)	3.7 (10.8)	7.4 (7.4)	18.5 (9.5)
1,000～1,999	15 (89)	33.3 (41.6)	6.7 (6.7)	6.7 (1.1)	13.3 (5.6)	6.7 (5.6)	6.7 (11.2)	6.7 (7.9)	20.0 (12.4)
2,000～2,999	3 (27)	100.0 (48.1)	0.0 (3.7)	0.0 (0.0)	0.0 (3.7)	0.0 (11.1)	0.0 (11.1)	0.0 (3.7)	0.0 (3.7)
3,000～3,999	3 (9)	33.3 (33.3)	33.3 (11.1)	0.0 (0.0)	0.0 (22.2)	0.0 (11.1)	0.0 (11.1)	33.3 (11.1)	0.0 (0.0)
4,000～4,999	2 (6)	50.0 (50.0)	0.0 (0.0)	0.0 (16.7)	0.0 (0.0)	0.0 (0.0)	0.0 (0.0)	0.0 (0.0)	50.0 (0.0)
5,000以上	4 (17)	50.0 (35.5)	0.0 (11.8)	0.0 (0.0)	25.0 (5.9)	0.0 (0.0)	0.0 (11.8)	0.0 (11.8)	25.0 (11.8)

注：2008年に実施した第1回調査では回答があったものの今回の調査では回答がなかった企業があるため，( ) 内の業種計は100％にはならない。

表 5-15 資本関係

区分	社数	%
日本企業（株式上場企業）	9 (51)	33.3 (34.5)
日本企業（非上場企業）	15 (90)	55.6 (60.8)
米企業の100%在日子会社	0 (2)	0.0 (1.4)
上記以外の外資系企業	2 (4)	7.4 (2.7)
無回答	1 (1)	3.7 (0.7)
合計	27 (148)	100.0 (100.0)

1,999人規模に分布している（表5-13）。

回答企業の業種別割合は，構成比の多い順に，①製造業（44.4%），②卸売業（11.1%），③情報処理・ソフトウェア業，運輸業（ともに7.4%）である（表5-14）。

資本関係では，株式上場企業が33.3%，非上場企業が55.6%であり，いわゆる外資系企業は7.4%である（表5-15）。

組織形態別では，本社のもとに事業ごとに編成された組織（事業部）を配置した事業別組織形態の企業と，営業・生産といった経営機能ごとに編成された機能別組織形態の企業が同数で，ともに44.4%である（表5-16）。

以上がデータの基本性格であり，第1回調査の傾向と大差ないことから，両者の比較に値するデータであることが確認できた。

前述の通り，今回の調査は各企業7名のラインに対して調査票を人事部経由で送付し，ラインから直接回収する調査方法を採用した。回答企業1社あたりの回答者数は1人から7人までややばらつきが見られた（表5-17）。平均回答者数は4.7人であった。なお，回答者の所属部門は表5-18の通りであった。

このように，今回の調査において1社あたりの回答者数にややばらつきが見られたため，ここで回答をそのまま単純集計してしまうと回答者が多い企業の実態が過分に結果に影響を及ぼしてしまう可能性がある。そこで，1社あたり複数の回答数を得た場合にはその中での過半数意見をその企業の代表

表5-16 組織形態

区分	社数	%
機能別組織	12 (54)	44.4 (36.5)
事業別組織	12 (82)	44.4 (55.4)
マトリクス組織	3 (10)	11.1 (6.8)
持株会社	0 (2)	0.0 (1.4)
合計	27 (148)	100.0 (100.0)

表5-17 1社あたりの回答者数

1社あたりの回答者数（人）	人数	%
1	4	3.1
2	2	1.6
3	12	9.4
4	8	6.3
5	15	11.8
6	30	23.6
7	56	44.1
合計	127	100.0

表5-18 回答者の所属部門

所属部門	人数	%
管理・スタッフ部門	74	58.3
営業・販売部門	35	27.6
技術部門	7	5.5
顧客へのサービス部門	10	7.9
その他	1	0.8
合計	127	100.0

回答と見なし集計を行った．具体的には，ある質問に対して同一企業から7人が回答し5人が「はい」，2人が「いいえ」と回答した場合，「はい」が当該企業の回答であるとして集計した．なお，回答が同数だった場合は当該企業からの回答は有効回答とは見なさず処理を行わなかった．

4．5　第1回調査結果との比較

第1回調査と比較するために，第1回調査の集計と同じ区分で集計を行った（表5-19中の「第2回調査」）．これにより次の2点が確認された．

第1に，職務遂行能力，年齢，勤続年数のいずれかを基本給決定の際に重視している企業においては，総合的な人的資源管理を人事部が実施している企業の割合が高かった．第2に，職務価値を重視しているとした企業の中には総合的な人的資源管理を人事部が実施していると回答した企業はなかった．

ここからいえることは，第2回調査は回答企業が27社と少なかったため参考情報として見るべきではあるが，従業員に求めるスキルや人事制度のタイプと人的資源管理の実施主体との関係についての傾向は，人事部の認識とラインの認識に大きな違いはないことが確認できた．

同時に第1回調査と第2回調査の間に注目すべき違いも確認できた．具体的には，「総合的に見て人事部が人的資源管理の実施主体となっている」と回答した企業が人事部では62.2％であったのに対し，ラインでは55.6％にとどまった点である．この原因を推測するために回答内容を精査したところ，次のことがわかった．まず，同一職能内の人事異動の最終決定については，人事部の回答者の49.3％が人事部自らが主体となっていると考えていたのに対して，ラインでは回答者の59.3％が人事部ではなく自分たちラインが主体になっていると考えていた．さらに，職能を超える人事異動の最終決定について人事部が主体となっていると考えていたのは，人事部の回答者では70.9％であったのに対して，ラインでは59.3％にとどまった．

表5-19 人的資源管理の運用方法とその実施主体との関係

設問	回答内容	第1回調査 回答数 (n = 148)	各回答数のうち,「総合的には人事部が人事管理の担当」と回答した数。( )内は割合	第2回調査 回答数 (n = 27)	各回答数記のうち,「総合的には人事部が人事管理の担当」と回答した数。( )内は割合
従業員は,次のうちいずれの考えで採用していますか	新規学卒者主流	128	79 (61.7%)	26	15 (57.6%)
	中途採用者主流	18	11 (61.1%)	1	0 (0.0%)
	無回答	2	—	0	—
新規学卒者採用において,次のいずれを相対的に重視しますか	全社共通の基礎能力	109	71 (65.1%)	23	12 (52.1%)
	採用職種の専門能力	36	18 (50.0%)	3	2 (66.7%)
	不明,あるいは無回答	3		1	
中途採用において,次のいずれを相対的に重視しますか	全社共通の基礎能力	16	11 (68.8%)	2	1 (50.0%)
	採用職種の専門能力	128	78 (60.9%)	25	14 (56.0%)
	不明,あるいは無回答	4	—	0	—
人事部門は,従業員の日頃の職務遂行状況や適性に関する情報を収集していますか	している	127	81 (63.8%)	26	15 (57.7%)
	していない	21	11 (52.4%)	1	0 (0.0%)
	無回答	0	—	0	—
基本給を決定する際には,次のいずれが重視されますか	年齢	21	13 (61.9%)	1	1 (100.0%)
	勤続年数	8	6 (75.0%)	2	2 (100.0%)
	職務遂行能力	83	49 (59.0%)	11	6 (54.5%)
	職務価値	14	7 (50.0%)	3	0 (0.0%)
	役割	16	12 (75.0%)	5	2 (40.0%)
	その他	6	—	5	—
「総合的に見て人事部が人的資源管理の実施主体となっている」と回答した企業		148	92 (62.2%)	27	15 (55.6%)

5 郵送質問紙調査のまとめ

　従業員の採用に関連した調査項目からは，採用において新規学卒者を主流にするか中途を主流にするかにかかわらず，全社に共通な基盤スキルを採用選考の際に重視する場合は，人的資源管理の実施主体が人事部になる場合が多いことが確認された。逆に，採用職種の専門的スキルを採用選考の際に重視する場合は，人的資源管理の実施主体がラインになる場合が多いことが確認された。ここから，仮説1に示した「仕事と本人のスキルのマッチングの重要度が人的資源管理の実施主体を規定する」という点が検証できた。

　また，従業員の職務遂行状況に関する情報収集に関連した質問からは，人事部が従業員の職務遂行状況に関する情報を収集している場合は，人的資源管理の実施主体が人事部である傾向が高いことがわかった。仮説2に示した「従業員の職務遂行状況や適性についての情報収集および理解の難易度が人的資源管理の実施主体を規定する」という点が検証されたと解釈することができよう。

　加えて「人基準」の人事制度を採用している企業においては人事部が主体となって人的資源管理を実施している傾向が強く，「仕事基準」の人事制度を採用している企業においてはラインが主体となって人的資源管理を実施している傾向が見えた。このことから仮説3に示した「人事制度のタイプが人的資源管理の実施主体を規定する」が確認された。

　2回の調査結果を比較すると，全体的な傾向として，総合的に見た人的資源管理制度の運用主体については，人事部が考えているほどラインは人事部が主体になっているとは考えていないことがわかった。このことは，人事部が全社的に社内公平感を意識しながら人的資源管理の運用をしていると考えているのに対し，一部ではラインは自らがその主体となっていると考えているケースが存在する可能性を意味しており，人的資源管理制度の運用における主権をめぐる駆け引きの可能性を包含した状態で人的資源管理が実施されている姿が見てとれた。

　今回の郵送質問紙調査結果からわかったことは，回答企業の86.5％がいわ

ゆる人基準の制度を採用しており，86.5％が従業員採用の主流を新規学卒者としており，73.6％が会社全体に共通して必要な基礎的な能力や行動様式を重視しながら新卒者を育成し，85.8％が人事部によって従業員の日頃の職務遂行状況や適性に関する情報を収集しており，そうした情報をもとに，36.5％の企業において職能を超える定期的な配置転換を定着させていた。

　これはすなわち，新規学卒者を採用し，人基準の社員格付け制度に基づいて，人事部がその運用主体となり，従業員の様々な情報を収集しながら，人事部が昇給や昇格に直接的あるいは間接的に大きな影響力を行使している姿を示しており，この姿は，第4章における事例調査の結果とも重なり，日本の大企業人事部とラインの関係，すなわち人事部集権という状況には変化は生じていない，という結果となった。

　すなわち，これを代替指標として捉える本書の立場に立てば，日本的雇用慣行は変化していないということが，一連の郵送質問紙調査からも確認されたことになる。

第6章

第2回事例調査（2014年）
―― 残された疑問の解明

1　第2回事例調査の目的と対象

　第1回目の事例調査を終えた後，調査対象企業にいくつか変化が生じた。
　1つ目の変化は，2010年に米系金融Aの親会社が同業他企業に買収され，日本においても営業権が譲渡されたことである。2つ目の変化は，2009年11月に発生した米系医薬Mと米系医薬Sの企業統合である。日本においても両社が統合し，2010年10月に新会社が誕生した（以下，「米系医薬MS」とする）。
　この変化を受け，第2回事例調査として，2014年2月に米系医薬MSの事例調査を実施した。その目的は，米系医薬Mと米系医薬Sの統合が新会社である米系医薬MSの人的資源管理にどのような影響を及ぼしたか，それは人事部とラインの協働にどのような影響を与えたかを確認することによって，これまでの事例調査と郵送質問紙調査で分析した結果の検証が可能になると考えたためである。なお，第2回調査をこの時期に設定したのは，一般的に企業統合後の人的資源管理制度統合には少なくとも1年から2年を要すといわれ，さらにそれが安定的に運用される期間を見込むと，統合後3年程度経過した時点で調査を実施するのが適当と考えたからである。
　第2回事例調査としてもう1社調査したかったのが，日系電機Nである。

日系電機Nは，同社を除く第1回事例調査対象企業が，いわゆる「日本的雇用慣行とそれを支える人事部集権体制」あるいは「アングロサクソン的雇用慣行とそれを支えるライン分権体制」のいずれかに属する状況にあったなかで，日系電機Nだけが唯一，新規学卒採用，役割等級制度，職能を超える配置転換などの日本的雇用慣行をベースとしながらも，人的資源管理の多くをラインに分権し，それを事業部に属する人事の専門家ではないラインに近い立場の事業部人事担当が補佐するという「日本的雇用慣行を，ライン分権で運用する」やり方を示していた。そしてこのような状況にあっても依然として職能を超える配置転換を同じ事業部内では相当数行っていたものの，その数や頻度は人事部集権管理の時代よりも減っており，その後の同社がどのように舵をとったのか，すなわちライン分権が強まったのか，そして同社が行ってきた日本的雇用慣行に変化が生じてきたのか，あるいは逆に人事部集権になったのか，その変化の方向性に長く関心を抱いていたからである。調査は2014年9月に実施した。

2　第2回事例調査の結果

2.1　米系医薬 MS

(1) 社員格付け等級制度

米系医薬Mと米系医薬Sともに統合前からすでに職能資格制度から職務等級制度へ移行しており，統合後もそれを継続している。社員格付け等級は，一般スタッフレベル管理職層，カントリーのマネジメントレベル，アメリカ本社のマネジメントレベルに分かれており，この構造も統合前から変わらず，その呼称だけを統合後に改めた。

(2) 採用

統合前は両社とも中途採用中心だったが，統合後は採用数自体が少なくなっている。その理由は，統合後に主なポジションは両社の従業員のうちいずれかで充足されたこと，即戦力となる人材の獲得が一段落したことがあげら

れる。そのため現在は主に営業職を補充するための新規学卒者採用だけを行っているが，約4,000人の従業員に対して採用人数は若干名にすぎず，採用の中心が中途採用から新規学卒者採用に切り替わったわけではない。新規学卒者の採用選考は，人事部と営業部門の代表が行う。人事部は基礎的な能力，営業部門は営業職能への適性を判断する。両者の意見が異なった場合は，営業部への配属が決まっているため職能への適性がより評価され，ラインの意見が重視される。

(3) 人事異動

人事権はラインに帰属している。人事異動の中心は営業職であり，ラインが上位のラインと相談しながら人事異動を立案する。ラインが異動計画を立案すると人事部に伝え，人事部はそれを組織図に落とし込む等，事務手続きを行う。営業職は転居を伴う異動になることが多いため，また業界の慣習に倣い，年に1回定期的に異動を行う。職能を超える人事異動はほとんどない。一部の人材については，人事部が主催してラインが参加するタレントマネジメントのしくみを通して，ライン同士が議論して人事異動を決定する。

(4) 人事情報の収集

米系医薬Sでは，以前は個人業績目標の内容やその達成度などを必要に応じて把握するために全従業員の人事考課表を集めてはいたが，統合後は米系医薬Mがそうであったように，人事部が積極的に従業員の職務志向やキャリア志向に関する情報を収集することはしなくなった。

(5) 評価（人事考課・昇給・昇格）

米系医薬Sでは，過去に職能資格制度を導入していた時代の慣習が相当残っており，職務等級制度に変更した後も，ラインが部下の人事考課を実施し，ライン間の調整会議で決定するのを基本としながらも，人事部が日頃感じている範囲内で従業員の情報を共有して結果の調整を行っていた。しかしながら統合後は，米系医薬Mの方式に合わせ，1次考課を被考課者の直属上司が

実施し，2次考課としてその上位マネージャーが確認した後，部門ごとにとりまとめて評価会議を開催して人事部が示すガイドラインに基づきラインで調整することとし，人事部はほとんど関与しなくなった。

昇給については，一般従業員はラインが起案・決定し，上級管理職は日本の上位管理職がアメリカ本社の上位管理職と相談しながら決定する。このプロセスも，米系医薬Mが採用していたものであり，米系医薬Sがそれに準拠した形となった。

昇格については，両社とも従来からラインが主導しており，統合後も変化はない。管理職の昇格について，営業職の場合を例にとれば，内部昇格が中心である。前述の通り，営業職は新規学卒者を若干名採用して育成するしくみをとっており，上位のポジションへの昇格候補者が社内に相当数いるため，わざわざ外部から管理職層を採用する必要はないと考えている。そのため営業職では営業部門トップの意向が管理職登用に強く反映される。

2.2 日系電機N

日系電機Nでは，第1回調査時と比較して「社員格付け等級制度」に変化はなく，「採用」に関しては，やや中途採用者数が多くなってきたものの，依然として採用者の大多数が新規学卒者で占められていること，ならびに採用の決定が人事部とラインの合議で行われることに変化はなかった。また，昇格についても，コスト上の問題から部長級以上の昇格審査がより厳密になったものの，昇格の立案・決定に際してラインが主となり，人事部のサポートを受けながら進めるという人事部とラインの関係には変化が見られなかった。人事考課，昇給についても，事業部に所属するラインの立場寄りの事業部人事担当がラインをサポートしている状況は変わらなかった。

大きく変わったのは人事異動に対する人事部の関与度合いである。以下，それについて説明する。

(1) 人事異動

第1回調査時の，日系電機Nにおける人事異動のやり方はおおよそ次の

通りであった。まず，定期異動が年3回（4月，7月，10月）実施されていた。ラインが人事異動の立案を主導するようになった結果，1990年代に比べ異動者数が半減し，1つの部署での滞在期間がやや長期化傾向にあった。年間の異動者数は全従業員の10％程度，そのうち事業本部（ビジネスユニット）内の事業部間異動が5％，事業部内での異動が3％，その他2％という程度であった。事業本部を超えての異動はかなり限定的で，上級管理職だけが対象になり，そうした案件に関しては人事部長を含めた幹部間で議論されていた。

これに対して第2回調査の結果は次の通りであった。まず，人事異動の期間が長くなりつつある傾向は変わっていなかった。変化が見られたのは，2013年から事業本部を超えての異動に再度注力を始めた点である。その理由は，それまであまりにも各事業本部ごとの業績にとらわれすぎており，その結果売り上げが激減したことを反省し，各事業本部が協働して新しい事業を創造していく必要性を感じたためである。象徴的な例として，「ビジネスイノベーション」という社会ソリューションを意識した事業本部を立ち上げ，各事業本部から優秀な人材を意識的に集めるようにした。各事業本部から優秀な人材を意識的に集めるにあたり，各事業本部，特に各事業本部傘下の事業部は優秀な人材を手放したくないと考えるのは当然であるが，そのために2つのしかけを導入した。1つは，優秀な人材がどこにいるかを明確にする，換言すれば，ラインだけに人材情報が属さないしくみを作った。具体的には，毎年7月から9月にかけて，人材の棚卸を行い，そこで各事業本部の優秀な人材を明確にし，次いで12月から翌年2月にかけて，主要ポジションのサクセッションプランに加え，各事業本部を超えた人材の配置についても議論を行い，4月から着任させるようにした。この議論には人事部が深く関与し，海外を含めて特に若い優秀な人材に対して各事業本部間異動を推進することにした。併せて行ったのが，経営陣の意識変えと各事業本部間異動に対するコミットメントの獲得である。経営陣が定期的に開催する会議において，その必要性を人事部だけでなく経営企画部の立場からも訴えた。事業本部を超えた異動を推進するということは，現在では会社の共通した方針として把握

されている。こうした事業本部を超えた異動の案は人事部が作成し，各事業本部と折衝を行う。現時点では人事部が立案したすべての異動計画が実現するには至っていないが，おおよそ計画の半分程度は実現しており，これまでの状況と比較すれば相当改善されたと考えている。

(2) 人事情報の収集

今後さらに事業本部（ビジネスユニット）を超えた異動を推進していくためには，人事部，経営企画部ともに日頃から従業員の情報収集に注力し，それを人事異動案の立案に活かし，事業本部長などへの説得材料にしたいと考えている。

従来は，事業部に属する事業部人事担当が事業部に所属する従業員の業務目標設定シートに目を通しており，一般企業の本社人事部に相当する部門担当人事は，業務目標設定シートを集めるだけで内容まで詳細に目を通していなかった。しかしながら，会社が効率化を進めるなかで小さな事業部には事業部人事担当を置かないケースが出てきたこともあり，部門担当人事が業務目標設定シートの内容まで把握する必要が出てきたことも，この流れを後押ししている。

(3) 人事部の役割

第1回調査の際は，事業本部（ビジネスユニット）制を導入し，成果主義に移行した時期であり，人的資源管理の権限をラインに分権し，人事部はそのサポートに徹するという，いわゆる欧米企業において一般的なビジネスパートナーとして人事部を位置づけたが，当然のことながらその結果として人的資源管理諸制度の運用がラインまかせになった。ラインは自分たちに権限が与えられ裁量が拡大したとは見なさず，「人事部が人的資源管理から手をひいた」，「人事部が本来行うべき仕事をラインに押しつけてきた」と見なし，人事部も事業部の現場で何が生じているかが見えなくなってしまった。人的資源管理の運用権限を委譲されたラインは，それらをうまく運用することができず，若手が育たないなどの弊害が出て社内の不満が高まった。経営陣か

らも，人事部に対して，もっとビジネスや人の問題に関与するよう強い要求が生じた。こうした反省や経営陣の要請を受け，人的資源管理制度の運用はライン分権から人事部集権の方向性へと再修正が行われた。

3　第2回事例調査のまとめ

3.1　採用

　米系医薬 MS の事例でいえば，採用活動は，米系医薬 M および米系医薬 S 両社の統合以前から両社とも中途採用中心であったが，統合後は採用数自体が減少し，どちらかといえば新規学卒者採用が多くなっていた。これは，採用方針の変更というわけではなく，統合により非営業部門の従業員はほぼ充足され，現在は営業職中心の採用活動になっているためである。もともと営業職は新規学卒者を若干名採用して営業職能の中で育成をするというのが両社の方針であったため，特に新たな変更が加わったわけではないのである。しかしながら新規学卒者採用とはいえ，営業職として採用する従業員については，基本的には営業職以外の部署への異動は想定しておらず，採用選考においては営業という職場および営業という職務への適性を重視し，そのためラインの判断が重視されていた。これは，第1回の事例調査で見た，新規学卒者採用であっても配属事業部や担当職能が最初から特定されているケースであった日系電機 M，日系電機 N，米系電機 B，ならびに米系電機 H と同様のケースである。

　このように，第3章の仮説1に示した「仕事と本人のスキルのマッチングの重要度が人的資源管理の実施主体を規定する」（この事例では，従業員配属時の，仕事と本人のスキルのマッチングの重要性が高いためにラインが主体となっていた）状況が本事例を通しても検証された。

3.2　人事異動

　米系医薬 MS の事例で見れば，もともと米系医薬 M も米系医薬 S も，たとえば研究開発と営業など，組織機能の独立性が高くデザインされており，

職能を超える配置転換が定着しておらず，人事異動計画の立案における人事部の関わり方は人事的な社内手続きのサポートなど限定的であった。したがって，異動の際には職能固有スキルが重要視されており，そうした人事情報は人事部にとっては情報理解の難易度が高く，ゆえに従業員の職務遂行状況の情報把握はラインに委ねられていた。この点は，両社統合後も不変である。このように，仮説2に示した，「従業員の職務遂行状況や適性についての情報収集および理解の難易度が人的資源管理の実施主体を規定する」（この事例では，従業員の職務遂行状況や適性情報の収集および理解の難易度が高い場合はラインが主体となる）ということがあらためて確認された。

日系電機Nの事例で見れば，経営判断に基づき事業本部を超えた人事異動の促進を再度強化するため，一旦ラインに委譲していた人事異動の立案・実施における人事部の関与を再度高めていた。これに応えるために人事部は，これまで行っていた日常の会話やトレーニングの場などから収集される従業員情報に加え，それまで十分でなかった従業員の業務目標とその達成度についても確認するようになっていた。この事例を通しても，仮説2に示した，「従業員の職務遂行状況や適性についての情報収集および理解の難易度が人的資源管理の実施主体を規定する」（この事例では，従業員の職務遂行状況や適性情報が把握可能な状況をつくり出し，人事部が主体となっていた）ということが確認された。

3.3 評価（人事考課・昇給・昇格）

人事考課に対する人事部の関与度合いについては，統合前の米系医薬Sは人事部が日頃から収集している従業員の情報を提供することにより人事考課結果の調整に影響を与えていたのに対し，米系医薬Mでは，人事部は分布ガイドラインの周知徹底や調整期限の管理といった手続き面でのサポートが中心であった。昇給の運用においては，米系医薬Sは同じ評価を得た従業員間の公平性が保たれるしくみになっていたのに対し，米系医薬Mはそうではなかった。両社統合後は，いずれも米系医薬Mが行っていた運用に統合されていた。

図 6-1 人事部の特徴の変化（米系医薬 MS）

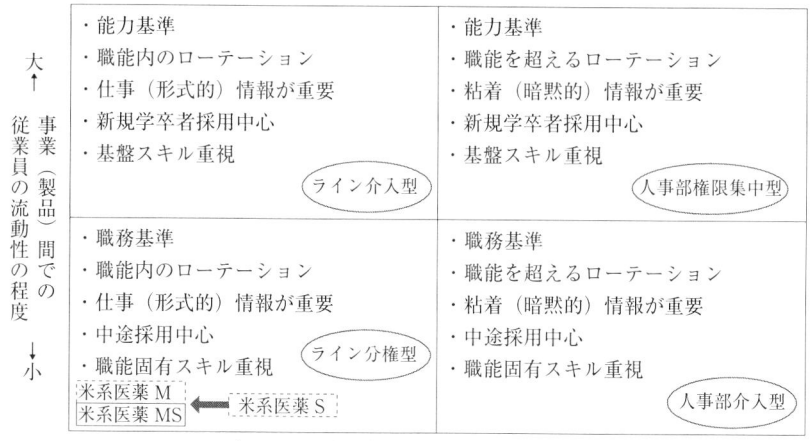

	・能力基準 ・職能内のローテーション ・仕事（形式的）情報が重要 ・新規学卒者採用中心 ・基盤スキル重視　　（ライン介入型）	・能力基準 ・職能を超えるローテーション ・粘着（暗黙的）情報が重要 ・新規学卒者採用中心 ・基盤スキル重視　　（人事部権限集中型）
	・職務基準 ・職能内のローテーション ・仕事（形式的）情報が重要 ・中途採用中心 ・職能固有スキル重視　（ライン分権型） 米系医薬 M 米系医薬 MS　←　米系医薬 S	・職務基準 ・職能を超えるローテーション ・粘着（暗黙的）情報が重要 ・中途採用中心 ・職能固有スキル重視　（人事部介入型）

縦軸：事業（製品）間での従業員の流動性の程度　大↑　↓小

横軸：高い　←　組織機能の独立性　→　低い
　　（低い←　ある部門の経験を他部門で活用できる程度 →　高い）

注：米系医薬 MS の位置は，米系医薬 M の位置とほぼ重なるところにある。
出所：筆者作成。

　もともと両社とも，職務価値をベースにした人的資源制度を導入しており，主な人的資源管理はラインが主体的に運用していた。ただし評価に対しては，米系医薬 S は，以前導入されていた職能資格制度時代の運用が第1回調査時にはまだ残っていたため，人事部の関与度合いが大きかった。よって，企業統合によりこの点もライン主体の運用になったことは，仮説3に示した「人事制度のタイプが人的資源管理の実施主体を規定する」（この事例では，仕事基準の人事制度であったためラインが主体となっていた）ことが再確認できたといえよう。

3.4　事例対象企業の人事部の特徴

　統合後の米系医薬 MS を，統合前の米系医薬 S ならびに米系医薬 M と対比する形で第4章の図4-10に示した人事部の特徴を表す4象限に配置すると図6-1のようになる。

　もともと両社の人的資源管理施策そのものや運用のやり方は似ており，ラ

図 6-2　人事部の特徴の変化（日系電機 N）

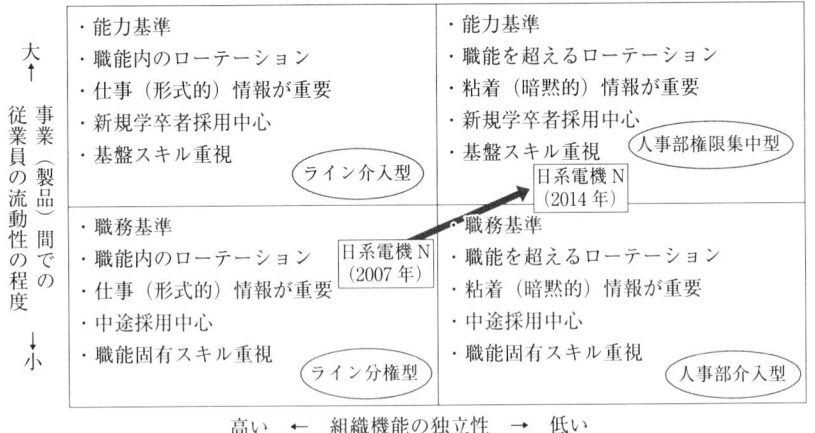

```
              大
              ↑     ・能力基準                    ・能力基準
          従   ｜   ・職能内のローテーション       ・職能を超えるローテーション
          業   事   ・仕事（形式的）情報が重要     ・粘着（暗黙的）情報が重要
          員   業   ・新規学卒者採用中心           ・新規学卒者採用中心
          の   （   ・基盤スキル重視               ・基盤スキル重視           人事部権限集中型
          流   製                        ライン介入型      日系電機 N
          動   品                                          （2014 年）
          性   ）
          の   間
          程   で   ・職務基準        日系電機 N  ・職務基準
          度   の   ・職能内のローテーション （2007 年） ・職能を超えるローテーション
              従   ・仕事（形式的）情報が重要     ・粘着（暗黙的）情報が重要
              業   ・中途採用中心                 ・中途採用中心
              員   ・職能固有スキル重視           ・職能固有スキル重視
              ↓                         ライン分権型                        人事部介入型
              小

                     高い ← 組織機能の独立性 → 低い
                （低い← ある部門の経験を他部門で活用できる程度→ 高い）
```

出所：筆者作成。

イン分権という方向性も似ていたが，これまで考え方が異なっていた人的資源管理施策についても統合後はそのほとんどが米系医薬 M のやり方に統合されたこともあり，それまでの米系医薬 S 社のポジションが，非常にわずかではあるが，米系医薬 M の位置に近づいたように思える。

　一方，日系電機 N のポジションを，第 1 回調査時と対比する形で第 4 章の図 4-10 の 4 象限に配置すると図 6-2 のようになる。

　第 1 回調査時点では，同社は人的資源管理の運用に関してライン分権化を強めており，その後それによる弊害や経営層の意向を反映して，必要な施策について，具体的には特に人事異動については人事部の権限を高めている。そのために，それまで第 3 象限にポジションされていたものが，第 1 象限と第 2 象限の中間あたりの位置に戻された。

　この流れにより，日系電機 N の人的資源管理の在り方と人事部の在り方が，2007 年時点と比べて整合的になってきたと見ることができる。

第 7 章

本書のまとめ

1 研究結果の要約

　本書の目的は，人事部の変化，特に日本の大企業において人事部とラインがどのように人的資源管理を分担しているかに関して，その変化を理論分析ならびに実証分析を通して考察することにより，日本的雇用慣行の変化について考察することにあった。そしてこの研究目的を追求するために，先行研究をレビューし，事例調査ならびに郵送質問紙調査を実施した。ここではその内容をまとめる。

　まず本書では，先行研究での議論をふまえ，新規学卒者一括採用と長期雇用制を前提とし，それを支えるしくみとして，年功や能力を基準とした賃金，遅い昇進などに示される年次管理を日本的雇用慣行の特徴として特定した。

　日本的雇用慣行は，それを構成する各種制度間の補完性がゆえに維持されてきた側面が強いが，同時に，それを慣行として根づかせるための，人事部の存在および関わり方なくしては成立しえなかったと考えることができる。こうした観点から見て，今後の日本的雇用慣行の変化を捉えるうえで，それをつかさどる主体といえる人事部の変化を分析することが重要なのではないか，これが本書の着眼点であった。

　また本書では，人事部の役割や組織そのものについてではなく，企業の人的資源管理における人事部とラインとの「管轄争い」について注目すること

とした。両者に着目した理由は，中村・石田（編）(2005) が指摘するように，日本的雇用慣行を構成する人的資源管理諸制度の運用は，人事部とラインの協働作業であること，その両者は人事管理と仕事管理という異なる目的達成のために働いており必ずしも利害が一致するわけではないから，日本的雇用慣行を考察するためには，人事部とライン両者が駆け引きをしながら人的資源管理を運用する様子について観察することが重要であると考えたからである。加えて，須田 (2010) が指摘したように，日本的雇用慣行と人事部による集権的人事管理，ならびにアングロサクソン的雇用慣行とラインによる分権的人事管理がそれぞれ補完的であることを鑑みれば，人事部とラインの分担関係を観察することによって，日本的雇用慣行の変化の有無が観察できると考えたからである。

本書では，第3章において，そもそも人事部とラインがなぜ人事的資源管理を分担するのかについて，「内部組織の経済学」の理論群の1つである，ウィリアムソン（Williamson 1975）が展開した「取引コスト理論」を分析の理論的フレームワークとして用いることとした。その理由は，人事部とラインという組織で働く人間が互いに異なる量と質の情報を保有しながら担当組織・職務の効率を最適化することを前提とした場合に，企業としてその各々の動きを統制し，監視あるいは交渉しながら企業全体の効率の最適化を図るためのコストが人的資源管理における人事部とラインの「管轄争い」に影響を与えると考えたからである。

本書で設定した仮説を検証するのための調査方法として，事例調査と郵送質問紙調査を併用することとした。

事例調査という手法を用いたのは，組織内の文脈やプロセスに対する深い理解が得られ，因果関係についてより分析的に把握するためには定性調査が不可欠であり，調査対象に対して詳細に全体像をつかむのに適切な方法であるからである（たとえば，小池 2000；須田 2004）。また，郵送質問紙調査という手法を用いたのは，マンジョーニ（Mangione 1995）や林 (2006) にあるように，地域的に広く散在する多数の調査対象者をカバーしやすく，応答者が必要により情報を調査したうえで正しく回答でき，視覚による情報提供が

できるといった長所を持つ手法だからである。さらに，ここで事例調査に加えて郵送質問紙調査を行ったのは，サンダースほか（Sanders et al. 2014）にあるように，相互の調査方法の強み・弱みを補完し合い，より確かな調査結果を得ることが期待できるからである。

事例調査の対象は，従業員数1,000人以上の企業11社（日系医薬2社，米系医薬2社，日系電機2社，米系電機2社，日系金融1社，米系金融1社，日系流通1社）の人事担当者（部課長クラス以上）である。日本企業のみならずアメリカ企業も対象とした。ここでアメリカ企業までを対象とした理由は，これまで見てきたような，人事部への集権によって人的資源管理制度の整合化が図られている日本的雇用慣行と，ラインへの分権によって制度的整合性が図られているアングロサクソン的雇用慣行という図式を前提にすれば，日本企業だけでなく，日本においても基本的にはアングロサクソン型の人的資源管理制度が用いられているであろうアメリカ企業の人事部について検討することが，今後の日本的雇用慣行の変化を考察するうえで必要であると考えたからである。

産業の選定にあたっては，国際競争の程度や製品・サービスおよび顧客の類似性の観点から，最も国際競争が激しく技術や顧客からの要請が企業間で類似しているといわれる産業の1つである電機，国内外での企業再編が進行しつつある医薬，相対的に国内顧客志向が強いと思われる金融，流通を調査対象として選択することにより，産業が企業の人的資源管理施策および人事部の役割へ与える影響を減らした。

事例調査を通して，人的資源管理を人事部とラインがどのように分担しているかの要因は，先行研究で考察されてきた規模の経済性要因に加え，取引コスト要因で説明できることがわかった。すなわち，人的資源管理の実施主体を規定する主な要因として，従業員の仕事とスキルとのマッチングの重要度，従業員の職務遂行状況や適性情報の収集および理解の難易度，人事制度のタイプの存在を確認することができた。

企業が従業員の採用に際して専門的スキルを重視する場合は，資産（この場合は応募者）に求める特殊性が高まるため，応募者が保有する自己の専門

的スキルの習得度合いに関する情報の非対称性の度合いは人事部よりもラインの方が小さくなる。このため応募者との駆け引きを抑制することができるので，取引コストを節約するためには，ラインが主体となるのが適当といえる。そしてこれは新規の採用のみならず，社内で従業員を異動させる際に，受け入れ部署にとって当該従業員の保有スキルと仕事に求めるスキルとのマッチングの重要度が高い場合も同様である。

　従業員の職務遂行状況やキャリア希望などについての情報を最も細かく把握しているのは，基本的には常にその従業員を指導しているラインである。したがって人的資源管理において，ラインは情報操作をすることが比較的容易な立場にある。企業組織においてよく見られる人材の囲い込み現象，すなわち優秀な部下を異動させないようにする現象は，優秀な部下を持つラインの自然な発想といえる。したがって，こうした囲い込みがもたらす人材配置の部分最適を全体最適化すべき場合には，人事部の介入は欠かせず，そのためには従業員の職務遂行状況に関する情報収集を人事部が可能な範囲で工夫しながら行うことが必要である。

　日本企業の多くが採用している職能資格制度は，事業や組織の変化に伴って人員配置を行いやすい柔軟性を保ちつつも制度全体の公平性を確保することが重要といえるが，そのためには人事部に人的資源管理の権限を与えて実施することが，ラインによる情報の隠匿や駆け引きの発生を防止し，取引コストを節約するうえで有利であると考えられる。

　事例調査では同時に，調査対象11社における人事部の人的資源管理に対する関与の仕方から，人事部の在り方が特徴づけられた。1つは「人事部権限集中型」であり，人的資源管理制度のほとんどについて人事部に権限を集中し，制度の運用や意思決定に強い権限・関与を持つ。これと対照的なのは「ライン分権型」であり，人的資源管理制度運用の多くがラインに分権され，ラインがその運用や意思決定に強く関与する。それらの中間型として「人事部介入型」，すなわちラインが人的資源管理制度の運用主体となりながらも一部の人的資源管理制度運用については人事部が強く関与する型と，今回の事例調査では見られなかったが，「ライン介入型」，すなわち人事部が人的資

源管理制度運用の主体となりながらも，一部の人的資源管理制度運用についてはラインが強く関与する在り方に整理できた。

これらのことは，第1章で掲げた本論で明らかにすべき課題である，「日本の大企業における人的資源管理において，人事部集権とライン分権の実態はどのようになっているのか。それはなぜか」，ならびに「人的資源管理制度は，人事部とラインの『管轄争い』にどのような影響を与えるのだろうか」に対する回答といえよう。

日本的雇用慣行の変化という点に関しては，日本企業において特徴的な人的資源管理制度を人事部に権限を集めて運用する日本的雇用慣行と，アングロサクソン企業に特徴的な人的資源管理制度をラインに権限委譲して運用するアングロサクソン的雇用慣行がそれぞれ維持されていることが確認された。

事例調査の結果からは，全体としては，新規学卒採用，職能を超えるローテーションとそれを支える人基準の制度を，人事部による集権管理によって長期に運用する，という構図には変化はないと見るのが妥当であると考えることができた。すなわちこれは，日本企業における人事部とラインの関係は変化していないことを意味し，すなわちそれを代替指標として捉える本書の視点に立てば，日本的雇用慣行も変化していないと考えるべきである。これは第1章で掲げた本論で明らかにすべき課題である，「日本的雇用慣行は変化しているのだろうか」という疑問に対する回答である。

人事部とラインそれぞれに対して実施した郵送質問紙調査から，次の3点が確認できた。第1に，従業員の採用に関連した調査項目からは，採用において新規学卒者を主流にするか中途を主流にするかにかかわらず，全社に共通な基盤スキルを採用選考の際に重視する場合は，人的資源管理の実施主体が人事部になる場合が多いことが確認された。逆に，採用職種の専門的スキルを採用選考の際に重視する場合は，人的資源管理の実施主体がラインになる場合が多いことが確認された。ここから，作業仮説1に示した，「仕事と本人のスキルのマッチングの重要度が人的資源管理の実施主体を規定する」という点が検証された。

また，従業員の職務遂行状況に関する人事情報収集に関連した質問からは，

人事部が従業員の職務遂行状況に関する情報を収集している場合は，人的資源管理の実施主体が人事部である傾向が高いことがわかった。これにより，作業仮説2に示した，「従業員の職務遂行状況や適性についての情報収集および理解の難易度が人的資源管理の実施主体を規定する」という点が検証された。

加えて作業仮説3に示した，「人事制度のタイプが人的資源管理の実施主体を規定する」という点も併せて確認された。

2回の郵送質問紙調査結果を比較すると，全体的な傾向として，総合的に見た人的資源管理制度の運用主体については，人事部が考えているほどラインは人事部が主体になっているとは考えていないことがわかった。このことは，人事部が全社的に社内公平感を意識しながら人的資源管理の運用をしていると思っているのに対し，一部ではラインは自らがその主体となっていると考えているケースが存在する可能性を意味しており，人的資源の運用権をめぐる駆け引きの可能性を包含した状態で人的資源管理が実施されている姿が見てとれた。

郵送質問紙調査結果からわかったことは，回答企業の86.5%がいわゆる人基準の制度を採用しており，86.5%が従業員採用の主流を新規学卒者としており，73.6%が会社全体に共通して必要な基礎的な能力や行動様式を重視しながら新卒者を育成し，85.8%が人事部によって従業員の日頃の職務遂行状況や適性に関する人事情報を収集しており，そうした情報をもとに，36.5%の企業において職能を超える定期的な配置転換を定着させていたことであった。これはすなわち，新規学卒者を採用し，人基準の社員格付け制度に基づいて，人事部がその運用主体となり，従業員の様々な情報を収集しながら，人事部が昇給や昇格に直接的あるいは間接的に大きな影響力を行使している姿であり，この姿は，事例調査の結果とも重なり，総合的に見て日本の大企業における人事部とラインの関係には変化が生じていない，という結果となった。すなわち，これを代替指標として捉えれば，日本的雇用慣行も変化しているとはいえないと考えるべきであることが確認された。

2　日本的雇用慣行は変化しているのか

　最後に，日本的雇用慣行の変化を，それをつかさどる主体であり続けてきた人事部の変化を通して分析するという本書の立場から考察した，筆者としての考えを述べたい。

　日本的雇用慣行は変化していない，というのが本書を通しての結論である。これまでなされてきた日本的雇用慣行に関する議論を振り返ると，新規学卒者一括採用と長期雇用制，ならびにそれを支えるしくみとして，年功賃金，遅い昇進などに示される年次管理を日本的雇用慣行の特徴として捉えることができた。そしてこれは，須田（2010）が指摘したように，人事部による集権的な人的資源管理の在り方と補完的関係にあった。

　今回調査対象とした日本企業の多くが，人事部が主体となって新規学卒者採用を行い，その際には配属を想定する部門の仕事に求められるスキルと候補者本人が保有するスキルとのマッチングはあまり重要視せず，採用後は職能資格制度のもとに，人事部が収集した従業員に関する情報に基づいて，人事部主導のもとに職能を超える人事異動や企業内教育プログラムを実施することによって長期間にわたり雇用の維持と職務遂行能力の拡大を図っている実態は，人事部集権のもとに人的資源管理を行う姿が現在もなお日本企業において主流であることを意味する。

　役割等級制度のような，従来の職能資格制度と欧米企業で標準的な職務等級制度の中間的な意味合いを含む賃金・社員格付け制度が広がりを見せつつあるとはいえ，今回の事例調査でも見られたように，制度の名称や設計理念はともかく，その運用実態が職能資格制度の運用と変わらなければ，人事部集権という人的資源管理制度運用の在り方の変化に影響を及ぼすまでに至らないだろう。そして，その運用実態に影響を及ぼす可能性がある大学教育の在り方や就学時期，解雇法制についても変化の必要性に関する議論は生じつつあるものの，それが現実化し，社会的に受け入れられるようになるにはまだ遠い感がある。さらには，企業内の人的資源管理制度の運用慣行に大きな影響を与えることができるであろう経営者自身も，自分たちが日本的雇用慣

行の枠組みの中で採用・育成・登用され今日に至っていることに加え，他の運用の成功事例を体験していないことから，あえてこれまでの日本的雇用慣行を変化させる動機は乏しいと思われる。

　こうしたことから，人事権の人事部集中を特徴とする日本的雇用慣行は，企業環境の変化に対して調整される周辺の人的資源，管理諸制度の変化に応じてゆるやかな変化は見せるかも知れないが，人事部とラインの「管轄争い」という，人間の間で行われる駆け引きが介在していることを鑑みれば，短期的には変化しにくいものと筆者は考えるのである。

第 8 章

今後の方向性と課題

1 日本的雇用慣行の方向性

　これまで，日本企業が直面している課題，たとえばワークライフバランス（仕事と生活の調和）の実現，非正規雇用に対する対応，女性の活用などに対する処方箋は，基本的には日本的雇用慣行の改革論が中心であった。そうした議論の多くは，日本企業が直面している課題の原因を，長期雇用，年功や勤続に基づく賃金制度，個々人の職務範囲の曖昧さ等，これまでの日本的雇用慣行に求めるものが多かったからである。それゆえ，従来の日本的雇用慣行を改め，企業内の職務の内容を明確にし，新規学卒者を含めて職種別採用に移行し，業績に基づいた報酬の個別管理の傾向を強めることにより，1つの企業における企業特殊技能の開発からより専門的かつ汎用的な技能の開発に移行し，これにより労働市場の流動化を促し，専門技術を持った高齢者や外国人の雇用が促進され，企業の国際化にも対応できるという主張がなされてきた。

　しかしながら，人事部の変化を通して分析した結果，日本的雇用慣行は，実際にはそれほど変容していない，というのが本書の結論であった。

　日本的雇用慣行改革論が叫ばれて久しいなか，依然として日本的雇用慣行が根強く残っているのは現実である。しかしながらこれは，今後も永久にこれまでの日本的雇用慣行が全く変化しないということを意味するものではな

い。なぜならば，日本的雇用慣行はいくつかの与件のもとに成立してきたものであり，その与件が変化すれば，日本的雇用慣行もそれに応じた形で変化する可能性があるからである。

ここで再度，本書で特定した日本的雇用慣行の特徴について整理してみよう。

新規学卒者一括採用と長期雇用制のもと，日本企業にとって人的資源管理上の基本課題は最大多数の従業員のモチベーションをできるだけ長期間維持することであり，その対応策として長期間かけて徐々に高まる社員格付けや賃金制度，企業内で幅広く部門や職能，地域を異動させながら「長期間にわたって従業員を飽きさせない」しくみを取り入れることであった。そのためには人事部に人事権を集中させて人的資源管理を行うことが取引コスト上有利であり，この「人事権の人事部への集中」が本書で特定した日本的雇用慣行の最大の特徴であった。

本書の最後となるこの章では，日本的雇用慣行を維持してきた与件のうち，本書の事例研究でも取り上げた「採用慣行」，「社員格付け制度・賃金制度」の動向に関する近年の動きをレビューしながら，それらが「人事権の人事部への集中」にどのような影響を及ぼすのかについて考察することを通して，日本的雇用慣行の今後の変化について検討したい。

1.1 採用慣行の動向

採用慣行の動向については，先行研究で見たように，新規学卒者一括採用の慣行は企業の人材採用行動の中心的地位を今後も占める可能性が高いと予測される一方で，総合職相当の人材の採用に関しては中途採用が一定の範囲で定着していき，また縁辺的な業務についてはパート・アルバイト・派遣，請負などの活用が進むだろうと見られてきた（原 2005；永野 2007）。

リクルートワークス研究所（2014）によれば，2015 年 3 月卒業予定の大学生・大学院生対象の大卒求人倍率は1.61 倍となり，前年の 1.28 倍より＋ 0.33 ポイントと大幅に上昇した。同調査では，この現象について，中小企業において業績の回復基調が見られること，これまで採用を抑制していたことの反

動により採用意欲が高まっているものと分析している。

　新規学卒者採用の動向を過去に遡って調べてみると，特に，中小・中堅企業における新規学卒者採用志向は根強いものがあることがわかる。先に紹介したリクルートワークス研究所の調査では，従業員数1,000人以上の企業と1,000人未満の企業の2区分での大卒求人倍率を1996年から集計しているが，従業員数1,000人以上の企業では，最も求人倍率の低い年が0.32倍（1996年3月卒），最も高い年で0.77倍（2006年3月と2007年3月）であったのに対し，従業員数1,000人未満の企業では，最も求人倍率の低い年でも1.55倍（2000年3月卒），最も高い年では4.26倍（2009年3月）にも達した。

　こうした数字は，新規学卒者採用の慣行は企業の人材採用行動の中心的地位を今後も占める可能性が高いという先行研究での予測，ならびに，日本的雇用慣行はまだ強く根づいているという本書の結論を裏づけた形になっている。

　一方，中途採用者の動向については，厚生労働省が年2回実施している「雇用動向調査」から転職入職状況を調べてみると，2015年上半期の転職入職者数は2,676.5千人（前年同期2,888.4千人），転職入職率が5.6％（同6.3％）であり，転職入職率は過去10年間の各年上半期で比較すると，最低値が4.5％（2011年），最高値が6.3％（2014年），平均値が5.4％と，ほぼ安定した推移を見せている。企業のグローバル化や企業間競争の激化，株主の経営に対する関与の増加などにより，事業環境の変化に対応するための企業の事業再編はますます迅速さが求められるようになっており，そのために新たな知識や異なる経験を持った人材を中途採用するニーズは今後年を追うごとにより高まってくるものと思われる。

　本書の調査を通して，全社に共通な基盤スキルを採用選考の際に重視する場合は，人的資源管理の実施主体が人事部になる場合が多く，逆に，採用職種の専門的スキルを採用選考の際に重視する場合は，人的資源管理の実施主体がラインになる場合が多いことが確認された。

　この点からいえば，今後特に日本の大企業において中途採用者数が増加するならば，中途採用者の専門的スキルを判定するために採用活動におけるラ

インの関与機会が増加してくるものと考えられる。しかしながら同時に，ラインは目前の業績達成あるいは新しい経験や知識の獲得を少しでも早期に達成するインセンティブを持っているので，ラインにだけ採用を委ねると組織文化とのフィット感や基盤スキルに多少疑問があっても採用してしまいかねない。ひとたび正規従業員として採用してしまえば解雇することが難しい日本の労働法制下にあっては，採用のミスマッチを減少させるために人事部による採用判定は残ると思われる。

　非正規の問題については後ほど詳しく触れるが，ここではその採用に関して触れてみたい。

　職務概念が曖昧な日本企業においては，非正規雇用者に依頼する仕事の多くが正規雇用者の周辺業務であり，非正規雇用者が単独で仕事をする場合は少なく，正規雇用者との協働作業がほとんどであることから，採用の際には企業や職場との調和が業務の遂行能力と同じ程度に重視される。そのため，たとえば派遣会社に仕事を依頼する際にも（本来「派遣」は，派遣会社に仕事の派遣を依頼するのであり，人の派遣ではないため，派遣される人材の選定はできないわけであるが），派遣候補者に「職場見学」してもらうために職場に呼び，見学中のやり取りを通して，依頼する仕事をこなせるかどうか（仕事の専門的スキル）をラインが判定するだけでなく，同時に人事部が会社や職場とのフィット感を判定するのである。この，非正規に対する人事部とラインの採用活動への関わり方は，有期雇用である非正規の方がたとえ結果的に採用のミスマッチが生じても長期雇用義務がないため人事部の介入度合いは少ないものの，中途採用の際のそれとさほど変わりがない。

　すなわち，一般に人事権に含まれる労働者の採用，配置，異動（配転），人事考課，昇進・昇格・降格，求職，解雇などを行う権利のうち採用を行う権利に関しては，人事部への集中という慣行は，程度の差こそあれ，新卒・中途，正規・非正規を問わず，今後も色強く残り，そこに採用対象によっては専門的スキルを判定するラインの介入度合いが高まっていくのではないだろうか。

1.2　社員格付け制度・賃金制度の動向

　人事権の人事部への集中という現状に対して最も影響を与えると考えられるのは，社員格付け制度であろう。なぜなら社員格付け制度は，企業における人的資源管理制度の中核をなすものであり，この制度の性格によって配置・異動，賃金等の諸制度の性格が決定するからである。

　日本企業において依然として多くの企業に採用されている職能資格制度は，職務遂行能力に応じて資格等級を設定し，資格と職位を分離することによって，総人件費を管理しながらも長期雇用の結果生じる上位ポストの不足による従業員のモチベーション低下を防ぎ，特定の専門分野に秀でた者だけが昇格上有利にならないように，昇格のための必要最低年数や標準年数を示すなどの工夫によって，柔軟な組織編成や職場のローテーション，職場の協力関係を制度的に可能にしてきた。そして，職能資格制度における社員格付け，賃金，昇格・昇進などの諸制度は，長期にわたる社内の内部公平感が重視されるため，人事権を人事部に集中させて全社の公平性を担保してきた。

　職能資格制度および職能給は，現在も多くの日本企業における社員格付け制度・賃金制度の主流であることに変わりないが，経済成長の鈍化や企業の国際化の進展等を契機に，職能資格制度と職務等級制度の中間に位置する役割等級制度が日本の大企業を中心に広く導入されつつあることは，すでに見た通りである（たとえば，石田 2006；平野 2010b）。役割等級制度は，職能資格制度と同様に「人」を基準とした制度であるため，職能資格制度からの移行がしやすい点も，役割等級制度が広く導入され始めた理由の1つとなっている。

　役割等級制度は，職務分析・職務評価によって厳密に確定される職務価値とは異なり，経営状況や企業組織の変化を見ながら部門長により柔軟に決定される点に最大の特徴がある（都留ほか 2005）。職能資格制度と職務等級制度の両方の特徴を持っているため，制度運用の仕方次第で，意図的に両者双方の持つメリットを享受できる。平野（2006）はこの特徴を，「職務を企業内の序列化の基軸にしつつ，特定の個人の持っている能力から期待する成果を決め，総合的にランクを決める制度」と表現している。このように，職能

資格制度の格付け基準である「能力」と職務等級制度の格付け基準である「職務」の両方を考慮に入れて決定する「役割」に基づいて社内格付けをするため，企業の置かれた状況や経営者の方針によって運用実態が異なる。

それでは，このような社員格付け制度・賃金制度の動向，具体的には今後役割等級制度・役割給が職能資格制度・職能給に代わって日本企業における社員格付け制度・賃金制度の主流となった場合，人事権の人事部集中という日本的雇用慣行の特徴に対してどのような影響を与えるだろうか。

役割等級制度は，従業員に与える役割に応じた格付けを行い，格付け等級ごとに設定された賃金を適用する制度である。言うまでもないが，自分が管轄する組織に属する従業員に対して役割の決定・配分を行うことができるのは，ラインである。したがって，このとき人事権は，「仕事と本人のスキルのマッチングの重要度が高い場合にはラインが人的資源管理の実施主体になる」，「人事部にとって従業員の職務遂行状況等についての情報収集や理解の難易度が高い場合には，ラインが人的資源管理の実施主体になる」という本書の知見に従えば，人事部集中を維持するのではなく，ラインに分権される方が取引コストの点から見て有利になる。

ただし，「人事制度のタイプが『仕事基準』の場合はラインが，『人基準』の場合は人事部が人的資源管理の実施主体となる」という点から見れば，「人基準」に区分される役割等級制度においては，人事権は人事部に維持される方が取引コストを節約できる。長期雇用制を基本とする雇用慣行が残るなか，ラインによる人材の抱え込みを防止し，長期的視点に立った全社的人材活用が可能になるからである。このことからいえば，人事権のうち，特に異動を行う権利に関しては，ラインに分権しつつも，長期雇用制を意識した運用を行うために人事部にある程度残すことが必要となる。

このように，職能資格制度と職務等級制度の両方の性格を持った役割等級制度では，人事権の所在に関しても，職能資格制度で選択されるべき人事部集中と，職務等級制度で選択されるべきライン分権の両方の性格を持つことが，職能資格・職務等級両制度のメリットを生かしデメリットを抑えるために要求されることになるだろう。

1.3　日本的雇用慣行の方向性

　以上の考察を通して，長期雇用制を色強く残したまま，役割等級制度のもと，「基本的には人事部集権を維持しつつ，一部をラインに分権する」人事権の在り方が，日本的雇用慣行の今後の特徴になるというのが，筆者の考えである。

　ここで問題になるのは，ラインへの分権をどの程度にすべきかという点である。

　人事権を人事部に一極集中するということは，すなわち人事部による人事権の行使の範囲を全社に設定することを意味し，人事権のライン分権とはこの範囲を狭めることを意味する。

　人事権のラインへの分権は，ラインの機会主義的な行動を引き起こすことにつながり，それを抑制するための取引コストを増大させるため，人事部は人事権を分権するにあたってその範囲を慎重に検討すると同時に，ラインの機会主義的な行動を抑えるしくみを講じる必要がある。

　ここで留意すべき点は，先にも述べたように，今後の日本的雇用慣行における制度面での主役になると思われる役割等級制度は，職能資格制度の各概念である「能力」と職務等級制度の各概念である「職務」の両方を考慮に入れて決定した「役割」に基づいた社員格付けを行うため，企業の置かれた状況や経営者の方針が反映されやすく，運用にあたって「能力」に重きが置かれるか，あるいは「職務」に置かれるかによって運用実態に差が出るという点である。すなわち，ラインへの人事権の分権度合いに関しては唯一の正解があるわけではなく，各企業がその経営方針や価値観に基づいて設定する必要があるのである。

　以下，日本が現在直面している主要な労働問題をいくつか取り上げ，長期雇用制を維持しつつ，役割等級制度のもと「基本的には人事部集権を維持しつつ，一部をラインに分権」という今後の人事権の在り方が諸問題に対してどのように作用するのか，併せて，諸問題に対応するためには人事部集権とライン分権の在り方をどのように最適化すべきなのかについて検討したい。

(1) ワークライフバランス

ワークライフバランスの定義は様々であるが，たとえば内閣府は「国民一人ひとりがやりがいや充実感を感じながら働き，仕事上の責任を果たすとともに，家庭や地域生活などにおいても，子育て期，中高年期といった人生の各段階に応じて多様な生き方が選択・実現できる社会」と定義している。

ワークライフバランスを阻害する要因としては，長時間残業や転勤などがあげられるが，なかでも転勤は，会社，すなわち人事部が人事権を行使するうえで象徴的な慣行といえ，ワークライフバランスの実現が企業の果たすべき重要課題として議論されている今日，その根幹にある転勤問題はまさに「人事権」から派生しているため，人事権の在り方の変化が転勤問題に与える影響を検討することには意義がある。

転勤には一時的な移転費用や住居の準備，費用補助，子供がいる場合には転校に伴う費用，さらに転勤後しばらくは不慣れな職務や環境で勤務するケースが多く，一時的に生産性は落ちる可能性が高いため，企業にとって相当のコストが生じる。

それではなぜ企業は多くのコストをかけてまで従業員を転勤させるのだろうか。

1つには，たとえば企業が新たな営業拠点を設立するにあたり，ベテラン従業員を新拠点に転勤させ，現地で採用する新人と組み合わって営業を始める，ということがある。ベテラン従業員を配置することですぐに営業が開始可能となるのに加え，新規に採用する従業員の教育係にもなり，将来的には現地の従業員だけで運営できるようになるかも知れない。いわば，ビジネス上の緊急性から生じる異動といえるだろう。

2つ目は，異なる地域の顧客に対応することが仕事の経験の幅を広げる，という前提に立った異動である。

3つ目は，将来を期待する従業員に重要なポストを経験させ，現任者を別のポストに動かすという，いわゆる「玉突き（人事）異動」の場合がある。この「玉突き（人事）異動」には，現行と同等あるいはより責任の重い上位のポストへ異動させる場合と，反対に，現行より狭い責任範囲あるいは下位

のポストへの異動させる場合の両方のケースが存在する。

　4つ目は，ビジネスリスク管理上の必要性からくる異動である。長期間同じ地域にいれば担当する顧客も同じである場合が多く，そこで仮に何かビジネス上の不正行為があっても発覚しにくい場合が多い。そのため定期的に担当する地域を変えて，不正が仕組まれる余地をなくすのである。

　人事部に人事権が集中している状況では，転勤の対象範囲は本社人事部が管轄する事業全体・全地域となり，このことが従業員に対して，異なる職能への異動や，まったくゆかりのない地域への転勤，場合によっては単身赴任を要請してきた。

　これが地域密着の生活に不安定さをもたらし，家族同伴で転勤する場合には，配偶者の退職を余儀なくし，単身赴任の場合には子育て等家庭生活への大きな影響を及ぼした。

　この人事権の範囲をラインに分権すればするほど，人事部が行使する人事権の範囲は狭まり，転勤の範囲は限定されることになる。

　例をあげれば，ある地域を管轄するラインにまで人事権を分権すれば，転勤は原則としてその地域内でしか発生しないことになる。

　役割等級制度のもとでは，人事権は基本的にはラインに分権されるのが取引コスト上有利ではあるが，一部の施策においては人事部が継続して保有することが望ましい。企業は，従業員が長期的に能力の伸長を図りながら経験を積み上げていける範囲を考慮しながらラインへ人事権を分権することにより，転勤の範囲をコントロールし，現行に比べてより豊かなワークライフバランスを確保できる環境を生み出すことが可能になる。同時に，より広範な異動を通して育成していくのが望ましいと考える人材に関しては，個人のキャリア目標を勘案しながら，例外的にラインから人事部に人事権を移し，幅広いキャリア形成を可能にするしくみを導入することも可能である。この取り組みについては後ほど詳しく説明する。

(2)非正規雇用

　ここでは，年々議論が高まっている非正規雇用が雇用問題として注目を浴

びだした歴史的背景を振り返り，今日の状況を確認しながら，「基本的には人事部集権を維持しつつ，一部をラインに分権」という人事権の在り方が，非正規雇用問題に与える影響を考察してみたい。

　日本経済団体連合会（日経連）は「新・日本的経営システム等研究プロジェクト」を1993年に発足させ，1995年5月に『新時代の「日本的経営」——挑戦すべき方向とその具体策』と題する報告書を発表した。この報告は，経営者団体である日経連の21世紀に向けた労働力政策の基本方向を打ち出した処方箋ともいうべきものであった[1]。

　この報告書は，企業の今後の人事労務管理や労使関係の在り方全般についてまとめられたものであったが，その中で紹介された「雇用ポートフォリオ」という，当時の雇用形態の動きから将来の在り方を想像して区分けされた3つのタイプの雇用形態を束ねた概念に特に注目が集まった。

　「雇用ポートフォリオ」は3つのグループで構成されており，1つ目は，従来の長期継続雇用という考え方に立つ「長期蓄積能力活用型グループ」，2つ目は，企業の抱える課題解決に，専門的能力をもって応える，必ずしも長期雇用を前提としない「高度専門能力活用型グループ」，3つ目は，職務に応じ定型的業務から専門的業務までの様々な仕事に雇用期間や形態にとらわれないで携わる「雇用柔軟型のグループ」であった。

　この点に注目が集まった大きな理由は，当時日本経済は急速な円高に見舞われており，賃金そのほかの経営コストの削減，海外進出による余剰人員の問題，企業における事業の再溝築，情報システムの導入による，特にホワイトカラー部門での人員余剰の議論の時期と重なったこと，さらには，この報告書が刊行された後に非正規雇用の割合が年々向上し，それが報告書の中の「雇用柔軟型グループ」の提言と重なったためである[2]。

---

[1]　本報告書の作成経緯，報告内容の意図，報告後の反響などについては，八代（充）ほか編（2015）に詳しい。本報告書に関する本書の記述も，同書を参考にした部分が大きい。

[2]　日経連が区分した「雇用柔軟型グループ」は企業対象の調査であり，また，調査時に正規雇用者と非正規雇用者について明確に定義しているわけではなく，一方，総務庁統計局が正規雇用と非正規雇用の比率を調査している「労働力調査」は個人対象の調査であるため，両者は全く同じ指標というわけではない。

プロジェクトでは，本報告書作成にあたってアンケート調査を行い，さらには報告書刊行後も2度にわたってフォローアップ調査を行っている。

　「雇用ポートフォリオ」に関する調査項目が出てきたのは第1回フォローアップ調査からで，1996年8月に実施された。当時企業内に「長期蓄積能力活用型」がどの程度いるかという問いに対しては81.3％，それが将来何％になるかというという問いに対しては70.8％という回答を得た。第2回フォローアップ調査は，1998年に実施され，当時企業内に「長期蓄積能力活用型」がどの程度いるかという問いに対しては84.0％，それが将来何％になるかというという問いに対しては72.7％という回答であった。いずれも，従来の長期継続雇用という考え方に立つ「長期蓄積能力活用型グループ」が企業内に占める割合は将来的に減少していくという予測であった。

　本報告書を作成したプロジェクトのメンバーは，前述の3つのグループ間の相互移動は事業主・労働者双方の合意で自由なものであることを強く想定していたが，1996年に実施された総務庁（当時）の「労働力調査」において，全雇用者に占める正規雇用の割合が78.5％であったものが，1999年の同調査では76.4％となり，企業の予想と同じように正規雇用が減少傾向にあることが実態として確認されことに当時の時代背景が加わり，非正規雇用の増大という現象が「企業の人件費削減策」，「終身雇用崩壊への誘導」という形で一部に捉えられた。

　このような議論から約20年を経た今日，正規・非正規の雇用状況はどのようになっているだろうか。

　先に参照した総務省「労働力調査」の2015年6月の速報によれば，正規雇用の比率は62.9％にまで減少している。裏返していえば，非正規雇用[3]の比率が1999年の23.6％から37.1％にまで増加しており，依然として正規雇用が企業内のマジョリティであるとはいえ，非正規雇用が企業の労働力として大きな割合を占めつつあることは無視できない事実である。

　非正規雇用者の雇用の不安定さ，正規と非正規の収入格差等の問題を解消

---

[3] 総務庁の「労働力調査」では，「非正規の職員・従業員」を，パート，アルバイト，派遣社員，契約社員，嘱託，その他，に区分している。

するため，厚生労働省は 2015 年 9 月に「正社員転換・待遇改善実現本部」を設置し，経済界に対して非正規雇用者の正社員転換・待遇改善に向けた取組を要請した。

山本（2011）の研究によれば，非正規雇用者の大多数は自ら選択している「本意型」であり，これは企業が雇用調整の一部として，本来は正規として雇用されたいと考えている労働者をあえて非正規として雇用しているわけではないことを意味する。こうした労働者は，1 つの企業に長期的に勤務するというこれまでの日本的雇用慣行の枠に組み込まれることを期待している層ではないのである。雇用される側にそうした欲求がなければ，企業の側から進んで非正規雇用を正規雇用に転換する動機は生じにくく，政府が政策として取り組む必要がある理由の 1 つはここにもある。

非正規雇用者に対しては，理論的にいえば，人事部に人事権を集中させる必要はなく，むしろラインに分権するのが取引コスト節約の観点からいえば適している。なぜならば，採用や仕事の配分において，①仕事と本人のスキルのマッチングの重要度が高い，②長期的な雇用を想定していないので，ラインによる人材の抱え込みを心配する必要がなく，ゆえに人事部が職務遂行状況等を情報収集する必要はほとんどない，③一般的に非正規雇用者の賃金は仕事の難易度や複雑さに応じたものとなり，人事制度のタイプでいえば「仕事基準」に類する，からである。

とはいえ，日本において実際には，非正規雇用者に対する人事権が完全にラインに分権されるとは考えにくい。一般に人事権といわれる労働者の採用，配置，異動，人事考課，昇進・昇格・降格，雇用終了を行う権利のうち，採用に関しては人事部が人事権をある程度維持するのではないかということはすでに述べたが，人事考課（昇給）に関しても人事部が人事権を維持するのではないだろうか。なぜならば，日本企業では，人に関連する予算は人事部が集中して管理することが多く，かつ，非正規間においても賃金の内部公平性に対する意識が高いため，非正規であってもラインの一存で昇給ができない，あるいはしないことが多いからである。

四方（2011）が非正規雇用に関して日本とヨーロッパ諸国を比較した研究

によれば，日本はほかの国と比べて非正規から正規への移行の水準は低位であったものの，男性に限れば，年間25％程度が非正規から正規へ移行しており，これはヨーロッパの比較的低位の移行割合の国々とは同程度になっている。

ラインは基本的に，非正規のうち優秀な人材は正規に転換したいと考えている。優秀な人材は抱え込みたいからである。しかしながら，正規・非正規にかかわらず，ある特定の組織にとって優秀な人材が企業全体にとってそうであるとは限らず，さらにひとたび非正規を正規に転換してしまえば，一般的に人件費が上昇するだけでなく，コストの性格が変動コストから固定コストに変わってしまうため，ラインと人事部との「管轄争い」は非正規の正規への転換という場面でも生じるのである。このため人事部は，非正規の中でラインが正規に転換したいと考えている人材については，その正当性を判断するために，日頃から仕事の状況などについて情報収集しておくことが必要になる。

日本企業の人事部員数が減少傾向にあるなか（たとえば産労総合研究所2002），山下（2008）は，通常ならばその減少した人事部員が担っていた人的資源管理業務がラインに分権化されたと捉えられがちであるが，人事部機能は分権化されるどころか逆に集権化が強化される傾向が見られ，その理由の1つが非正規雇用の増加をはじめとする雇用形態の多様化にあると分析した。今後さらに非正規雇用が増加したとしても，社内公平性を重んずる日本企業においては，非正規雇用を含めた内部秩序確保のために人事部集権体制が必要であるというのが分析の背景にある。

理論的には，仕事をベースに雇用され管理される非正規は，ラインに人事権が分権されるべきであろうが，ここで見たように人事部が人事権を保持することが必要となる部分はなお存在し，したがって，今後さらに非正規雇用の比率が高まったとしても，人事権が人事部集権からライン分権に大きく変化することにはなりそうにない。とはいえ，非正規が増加するにつれ，企業全体としては非正規に対する人的資源管理のうちラインに委ねられる部分の割合が増加するのも間違いない。したがって，将来の人事権の姿は，人事部

集権という現在の状況を維持しながら，非正規の一部に対してラインに分権される姿が想定されるのである。

なお，今後さらに増加するであろう非正規の活用，ならびに非正規から正規への転換をさらに促進するためには，役割等級制度の一層の適用拡大が望まれよう。昨今，役割等級制度を導入する企業が増加傾向にあるが，そのなかで少なくない企業が役割等級制度の適用対象を管理職層に限定し，非管理職層には職能資格制度を維持したまま適用している。一般的に仕事や役割を基準に採用される非正規が正規に転換される場合のほとんどは，非管理職層での転換になると思われるため，その非管理職層も役割を基準とした人的資源管理制度に転換しておいた方が，より転換がしやすくなるのではないだろうか。

(3) 女性の活用促進

少子高齢化の進展や企業におけるダイバーシティマネジメントの重要性が議論されるなか，政府は 2015 年 8 月，女性管理職の割合に数値目標を義務づける「女性活躍推進法」を成立させ，2014 年時点で 11.3％の女性管理職割合を 2020 年までに 30％にするという目標を掲げた。

山本（2014）は，2000 年代以降の日本の上場企業のパネルデータを用いて分析した結果，正規従業員に占める女性比率が高いほど企業の利益率が高まる傾向があり，特に，正規従業員に占める女性比率が 30 〜 40％の企業で利益率が顕著に高くなっているほか，年齢層別に見ると，結婚・出産・育児などで女性の正規従業員が激減する 30 歳代で正規従業員女性比率が高い企業ほど，利益率が高くなることを明らかにした。

こうした政府の目標や女性登用がもたらす効果が報告されながらも，世界経済フォーラムから毎年発表されている世界各国の男女格差に関するレポート（The Global Gender Gap Report）によれば，各国における男女の格差を指数化して順位づけすると，日本の順位は 2014 年で世界 142 カ国中 104 位と低く，項目別では「経済活動の参加と機会」が世界 102 位と低位にあるのが現状である。

女性の活用促進における日本企業の課題は，将来の管理職候補となる年代の女性の離職率を抑え，育児を終えた後の女性の職場復帰を促進することである。

　一般的に，将来の管理職候補となる年代の女性の離職率が高くなる要因は，結婚や出産といったライフイベントに伴う退職にあるといわれている。女性の就業率は子育ての負担が重くなる30歳代前半でいったん低下し，子育てが落ち着く40歳代の前半で再び上昇し，このときに描くカーブがアルファベットの"M"に似ていることから，いわゆる「M字カーブ」と呼ばれる。

　労務行政研究所（2010）が2009年に全国の証券市場の上場企業を中心とする4,003社に対して行った「昇進・昇格，降格に関する実態調査」によれば，いわゆる「課長職」への昇進年齢の平均値は「最短」で33.9歳，「最遅」で39.4歳であることから，M字カーブの2つのピークの間の期間，すなわち子育ての負担が重くなる30歳代前半でいったん離職し，子育てが落ち着く40歳代の前半で復帰する期間と世間一般における管理職登用期間が重なってしまうのである。

　日本企業において女性の活用が進まない理由については数多くの議論がなされているが，年功賃金，職能を超える配置転換，転勤，長時間労働などの，いわゆる日本的雇用慣行にその原因を求める分析も多い（たとえば川口 2007；西川 2014）。

　役割等級制度のもとで，「基本的には人事部集権を維持しつつ，一部をラインに分権」という人事権の在り方が将来の日本的雇用慣行の特徴となるならば，この女性活用問題にどのような影響を与えるだろうか。

　人事権の範囲をコントロールすることによって異動・転勤の範囲をコントロールできる可能性があることについてはすでに述べた通りである。また役割等級制度が導入され，制度設計通りの運用がなされれば，賃金決定の年功的な要素は格段に弱まり，ライフステージの状況に応じた無理のない役割付与，それに基づく格付け，賃金の適用ができるようになる。この運用は，将来の管理職候補となる年代の女性の離職率を抑え，育児を終えた後の女性の職場復帰を促進する一助になると考えられる。

川口・西谷（2011）によれば，機関投資家によるガバナンスが強い企業ほどポジティブ・アクションに取り組んでおり，女性正規従業員や女性管理職が多い。ポジティブ・アクション（Positive Action）とは，一般に「雇用の分野における男女の均等な機会および待遇の確保の支障となっている事情を改善することを目的とする」措置（均等法第14条）のことをいい，「平成18年度女性雇用管理基本調査票」では，その具体的な取組事項として，たとえば「出産や育児等による休業等がハンディとならないような人事管理制度・能力評価制度を導入する」，「女性がいない又は少ない職務について，意欲と能力のある女性を積極的に採用（配置）する」等を掲げている。

　たとえばこの，「女性がいない又は少ない職務について，意欲と能力のある女性を積極的に採用（配置）する」という点に関しては，本来は人事部が人事権を行使して，意識的にそのような人材を採用あるいは配置することで対応することができるはずであるが，これまでそうなってこなかったのは，長期雇用慣行のもとトーナメント方式で勝ち残ってきた人材（すなわち多くの女性がライフイベントによる一時離脱でこれまでのルールにおけるトーナメントには残りづらかった）が，人事部による人事権行使の主な対象者として重視されてきたからかも知れない。

　女性の活用という課題をクリアするために今後重要なのは，企業は女性従業員一人ひとりに関する，これまでの成果，今後の可能性，本人のキャリア目標，転勤の可否などの情報を正しく把握し，そのうえで人事部が人事権を行使すべき対象範囲を決め，計画的に育成・活用することだろう。

　ところで，人事権の所在とは直接関係はないが，女性の登用が進まない原因の1つとして指摘される長時間労働についても触れておこう。

　日本企業における長時間労働は，一般的に次のように説明されることが多い。すなわち，日本的雇用慣行における長期雇用制に加え，日本においては雇用調整が簡単にできず，正規従業員の賃金が固定費としての性格を持つこととなるため，業務量の増減に対して従業員数の増減で対応するのではなく，従業員の労働時間で調整する必要があり，これが長時間労働に結びつくというものである。

では，雇用調整が比較的しやすい欧米企業では，業務量の増加に対しては従業員数の増加で対応し，業務量が減少したならば，従業員数を減少させることで対応しているのだろうか。筆者の欧米企業での勤務経験から述べれば，従業員を1人増加させるにあたっての厳しさは，日本企業以上に欧米企業の方が厳しいように感じる。極端な場合は，1人の非正規雇用者の採用でさえ，本国の社長や人事責任者の承認が必要な場合もある。さらに，期の途中ですべての採用活動が禁止（ハイヤリング・フリーズ）になることも生じやすい。

したがって，日本的雇用慣行のもと，業務量の増減に対応して従業員数を増減させることができる柔軟性が低いために長時間労働が発生するという説明だけでは，日本企業特有の問題として長時間労働を説明するには十分でないように思われる。

日本企業の長時間労働の理由としてほかによく指摘されるのが，長時間労働を評価する企業の価値観が従業員に長時間労働を行わせるインセンティブになる，というものである。

欧米企業においても，「何を」（What）だけでなく「どのように」（How）を評価対象とする企業は多く存在する。ここでいう「どのように」（How）とは，企業が期待する行動の発揮度，いわゆるコンピテンシーモデルを使うことが多い。日本企業でも，結果だけでなくそのプロセスを評価する企業が多いが，ここでのプロセスを評価する際に，「苦労した度合い」，すなわち労働の投入量である労働時間の長さを評価してしまう傾向にあるのは確かである。

八代（尚）（2015）も指摘するように，これは単に従業員の意識改革などで改善される問題ではない。最も直接的に従業員の行動を変化させることができるのは，会社すなわち人事部が，長時間労働は人事考課の評価対象にはならないことを宣言することである。欧米企業であれば，ラインがそれを部下に伝えれば済む問題かも知れない。しかしながら，いまのところ「人事部権限集中型」が主流の日本企業においては，人事部からの公式な通達が最も効果的であろう。

なお，意識改革によって長時間労働をせずに済むのであればそれに越した

ことはないが，業務の性質上，意識の問題ではなく，どうしても長時間労働になってしまう場合がある。たとえばシステムエンジニアはプロジェクトの締め切りに間に合わせるためにどうしても慢性的に長時間労働になりやすいし，経理担当者も決算業務等繁忙期には長時間労働になってしまう。この点について，将来の管理職候補である女性従業員を特定し，その人事情報を定期的に集め，当該従業員がライフイベントのために一時的に長時間労働に耐えることができなくなる場合には，将来のキャリアを見据えながら一時的な役割の変更を，場合によっては一時的な降級や降給のケースも含めて検討すべきである。役割等級制度が定着すれば可能な措置である。こうした措置により離職が防止でき，あるいは休業期間を短くすることができれば，企業と本人双方にとって有益であろう。

1.4 今後の日本的雇用慣行を支える取り組み

これまでに見てきた通り，長期雇用制をある程度維持したまま，役割等級制度のもと，人事部への人事権集中を基本としながらも一部をラインに分権する，というのが，筆者が考える今後の日本的雇用慣行の姿である。

役割等級制度が，職能資格制度と職務等級制度との中間的な性格を持つため，人事権の所在も人事部集権とライン分権を状況に応じて使い分けることになる。

職能資格制度が，「人が保有している潜在的な職務遂行能力と人事処遇との間の納得感」を重視するのに対し，役割等級制度は「人が実際に担っている役割と人事処遇との間の納得感」が重視される。そのため，異動の範囲は，職能資格制度における「全職能・全地域への異動」だったものが，「現在の役割に関連する役割への異動」へ切り替わる。このとき人事権は，人事部による全社的管理から，関連する役割の束である「役割群管理」になり，「役割群」を統括するラインに分権される。

この「役割群」をどの範囲で区切るかは，各企業の考えが反映されるべきところである。たとえば，営業職能を1つの役割群として設定する企業もあれば，営業職能とマーケティング職能を合わせて1つの役割群として設定す

る企業もあるかも知れない。この点は，従業員の育成とキャリア形成に強く影響する。「役割群」のくくりを小さくすればするほど，ラインへの分権度合いは小さくなり，実質的に人事権は人事部に集中することとなる。

「役割群」をどの程度の大きさに設計しても，その範囲内で優秀な人材の抱え込みは生じる。これを防止する策として企業が導入しやすく実効性が高いのが，次に紹介する社内公募制とタレントマネジメントプログラムである。

(1) 社内公募制

社内公募制は，「人事部の行っている指令的な人事配置を，できる限り個人の選択に基づく市場メカニズムの形に置き換える」(八代(尚), 1998) プログラムである。

一般的に，社内公募制度で募集先の部署が期待する人材は即戦力になる人材であるため，職務あるいは役割という意識が乏しかったこれまでは，制度を導入してもあまり機能していないという日本企業が多かった。本書の事例対象企業である日系電機Mにおいても，「本社人事部による人事異動が定着していることもあり，社内公募制度はほとんど機能していない」というのが実態であった。

今後，役割等級制度が企業における人的資源管理制度の主流となれば，社内公募制度はこれまで以上に従業員のキャリア形成の一手段として活用される可能性はある。

今後，役割を基準とした人的資源管理の運用が主流になり，部下の役割に関する情報を持つラインに人事権が一部分権化されるならば，ラインによる人材の抱え込みが問題になる。

ラインの介入をなくし，人事部が異動希望者と異動先の橋渡し役となるような社内公募制度の取り組みを行えば，少なくともラインによる人材抱え込み防止策としての機能は期待できるものと思われる。

(2) タレントマネジメント

役割等級制度のもと，人事部への人事権集中を基本としながらも一部ライ

ンに分権するという，筆者の考える今後の日本的雇用慣行において，ライン分権の程度をどのようにすべきかは各企業が悩むところであろう。

たとえば，人事権をラインに分権して転勤の範囲を限定することによって，ワークライフバランスの確保，あるいは女性の離職防止につながるかも知れないが，従業員の中には転勤の範囲を限定せず，多様な職能あるいは地域で仕事の経験を積んでキャリア形成を図るべき人々，あるいは図りたいと自ら望んでいる人々も少なからず存在するであろう。

人事権をラインに分権することは，増加傾向にある非正規の活用に対しては理に適っているが，非正規から正規の転換促進を念頭に入れるならば，人事権をラインに分権しすぎると，ラインの機会主義的な行動を抑制する必要が生じるため，非正規のうち正規に転換されるべき候補者とその理由を人事部が把握しておくのが望ましいということになる。

もちろん非正規が正規に転換する場合の多くは，非正規であった際に発揮してみせた，担当する役割における仕事の出来栄えや専門的スキルの高さがその理由であるため，ラインの判断が優先されようが，ラインは他社への流失リスクが高い非正規を自組織に抱え込みたい欲求を抱きがちなため，本来は正規雇用者として長期的雇用義務を負うには要件が満たない労働者についても，役割やその成果に対する人事部の認識が甘ければ，正規への転換を強く企てるかも知れない。また，非正規からキャリアをスタートさせる若年労働者が増加しているなか，まだ専門的スキルは確立されていなくとも，正規に転換し，今後の長期的雇用を通して育成していく場合も考えられる。この場合には，採用活動，異動活動とも，新規学卒者のそれとほぼ同じプロセスとなり，すなわち人事部主導のもとに行われることになるだろう。

ほかの例をあげれば，将来の管理職候補となる年代の女性の離職率を抑え，育児を終えた後の女性の職場復帰を促進するには，ラインのもとで専門的スキルを高めながらも，入社後の早い段階から将来の管理職候補になりうる女性の人材を発掘し，将来に備えた成長の機会を企業が意識的に準備し与えることが重要になる。

こうした状態を人事部の側から見れば，「一部の特定された人材に対して

は人事権の人事部集中を維持し、それ以外はラインに分権」ということになる。

役割等級制度のもと、ラインに人事権を分権する一方、人事部が人事権を維持しておくべき人材を特定し、それをラインに対して明示的に示すことができるのが、タレントマネジメントプログラムである。

タレントマネジメントプログラムで議論される内容は、日本的雇用慣行のもとで従来から行われてきた人事異動の対象者選定の議論に似ているが、人事異動の対象者選定はタレントマネジメントプログラムにおける議論の一部でしかなく、タレントマネジメントはより広範な目的を持っている。

日本企業における人事異動検討の様子は、平野（2006）に詳しい。この中で、日本の大規模小売業において自身が人事部長としてラインとともに人事異動案を作成した経験が紹介されている。以下に要約する。

「まず、すべての社員（筆者注：このケースの場合は約2,500名）の名前を書いた紙札が、職場ごとの組織図に対応させてホワイト・ボードに貼り付けられる。そして人的資源の需要を賄うように異動の計画を組む。ひとつのポストを埋めるために、平均すれば5〜6名の候補者の紙札を次々に張り替えて、異動後の職場の陣容をシミュレーションする。その際さまざまなことを深く検討する。たとえば、新しいポストは彼／彼女のこれまでの貢献に報いるものであるか、新天地で活躍できるか、新しい仕事は彼／彼女の職務遂行能力の向上に意味があるか、新しくタッグを組むこととなる上司（部下）との相性はどうか、懲罰的人事としてこのポストの頃合いは適切か、単身赴任になるか家族帯同で赴任できるか、彼／彼女の年収は職場の総額人件費にどのような影響を与えるか、と考える。およそ1か月かけて作成した異動案はさらにスクリーニングにかけられ、さし返されれば一から練り直さなければならない。」

この例からわかることは、まず、当たり前のことであるが、この議論は従業員の異動案作成を主目的にしたものである。そして興味深いのは、異動案作成の際に、異動先の仕事が当該従業員の職務遂行能力向上に意味があるかという視点に加えて、これまでの実績に対する功労報奨あるいは懲罰的な要

図8-1　タレントマネジメント・マトリックス（例）

```
大
↑
企業が求める行動の発揮度合い
↓
小

高い ← 仕事の成果 → 低い
```

出所：筆者作成。

素，異動先での人間関係をも考慮しているという点である。

　それでは次に，欧米企業におけるタレントマネジメントの様子を紹介しよう。以下は筆者が関わったある欧米企業におけるタレントマネジメントの準備から議論までの様子である。

　まず企業は，自社にとってどのような人材を良い人材と見なすのかについて，基準を整理する。ここでいう基準とは，たとえば，「常に成果をあげる」，「企業の求める行動を発揮する」などである。企業が従業員に期待する基準はいくつもあるだろうが，多くなるほど評価が複雑になるので，通常は2つに集約することが多い。ここで定めた2つの基準を組み合わせてマトリックスを作れば，図8-1のようになる。図8-1は各基準の発揮度合いを大きく2つに分けてマトリックス全体を4等分にしたが，各基準の発揮度合いを3つに分けてマトリックス全体を9分割にする企業もある。

　次に，タレントマネジメントでの議論の対象とする従業員に対し，直属のラインが会社の定めた基準に基づいて評価を行う。一見，人事考課と同じように見えるが，大きく異なるのは，タレントマネジメントは過去に発揮された結果の評価を行うのではなく，過去の成果ならびに現在の状況をベースに今後3年から5年程度先の将来を予測して評価することが多い点である。図

8-1 を例にとって説明すれば，対象従業員一人ひとりについて，企業が求める行動の発揮度合い（高い・低い）と短・中期的な仕事の成果（高い・低い）を評価し，その結果が（高い・高い）になれば第1象限に，（高い・低い）になれば第2象限に名前を書き込むのである。

これに加え，対象者の最終的なキャリア目標，それに到達するために短・中期的にはどのような仕事の役割与えるべきか，そのために必要な経験やトレーニングは何か，異動の可否と，可能であれば可能な範囲について事前に対象者から集めた情報にラインの考えを加えて完成させる。

直属ラインによる評価を終えると，その結果が上位のラインに集約され，上位ラインが自らの管轄に属する従業員全員の内容を確認し，必要に応じて修正する。上位ラインはさらに，自組織における人材の強みや弱み，今後の課題などについて現状を整理する。ここまでが事前準備である。

上記の事前準備が社内の各部署でなされた後，いくつかのグループが形成され，グループごとに各部署のラインが集まって議論を行う。ここでのグループは，たとえば，営業職能とマーケティング職能の両方を経験することが会社および本人にとって有益である場合には，これらの部署を1つのグループとしてまとめる。あるいは，同じ職能内の地域間異動をすることによってキャリア形成を図っていくタイプの企業であれば，異動対象となりうる地域を1つのグループとする。

タレントマネジメントの議論では，ラインが直属の部下一人ひとりに関して，なぜそうした評価を行ったのか，今後開発・改善すべき能力はどこか，それをどのように行うのか，等について説明し，参加者のアドバイスを得て今後のアクションプランを決定する。

タレントマネジメントは，一人ひとりの従業員に対して過去に合意された育成計画の進捗管理と，それをふまえたうえでの今後の育成計画策定を主目的としたものであり，異動案作成が主目的ではない。育成計画の1つとして異動案が提案されることはあるが，いまのタイミングで異動させることが当該従業員の育成に結びつかないと判断されたり，当該従業員が現在異動できる状態でなければ，異動案として提案させることはなく，ここにこれまでの

実績に対する功労報奨あるいは懲罰的な要素は入ってこない。

　欧米企業におけるタレントマネジメントは，どちらかといえば，従業員に差をつける意味合いが強い。従業員に対して実施可能な投資には限りがあるため，今後より重点的に投資すべき人材は誰か，そしてその投資の原資はどこから生み出すことが可能なのか（これは一般的に，最重要であると見なされた従業員の対極に位置づけられた従業員が対象となる）を把握するための取り組みであるといえる。一般的に，図8-1でいえば，第1象限に位置する人材は今後の投資対象であり，第3象限に位置する人材は投資原資を捻出する対象候補となる。

　同時に企業は，このプログラムと主要ポジションに対する後継者育成のプログラムを併せて実施する場合が多く，各従業員が将来的に到達したいと考える，あるいは到達可能と考えるポジション（aiming point）から逆算して，今後重点的に育成すべき人材を次にどこのポジションに異動して育成するかを決定する。後継者を充足しなければならない緊急度が高く，社内にはすぐにそれを任せることができる人材が不在であれば，当面は外部労働市場から適任者を充当（つまり中途採用）し，その次のタイミングまでに投資対象人材を育てるといった計画を立案することになる。

　後継者育成プログラムと併せて実施するという理由から，欧米企業では，タレントマネジメントの議論の対象を管理職以上に限定する場合が多い。このように，欧米企業におけるタレントマネジメントの運用は，雇用調整が比較的やりやすく，職種別の外部労働市場が発達しているアングロサクソン的雇用慣行を前提にしていると見ることができる。

　タレントマネジメントの議論の対象をどの範囲とするかは，人事権をどの範囲に設定するかと密接な関係がある。タレントマネジメントによって，人事部は人事権を発揮すべき対象となる従業員を特定でき，その人材に関する情報を，公式プログラムを通して収集することが可能になる。

　ただし，欧米企業のように，管理職層のみをタレントマネジメントの対象にしたならば，人事部には非管理職の人事情報が集まりにくくなる。そこで，たとえば人事部が，将来の企業を支える人材になると見込まれる人材（high potential talent）や，女性で将来管理職候補となりうる人材を特定し，彼ら／彼女らに対して人事権を行使することによって計画的な育成を行っていくためには，タレントマネジメントの議論の対象を拡大し，人事部は人事権を行使する可能性があるこれら従業員のこれまでの成果，適性，家庭の状況，キャリアの希望等を把握することが必要になる。

　タレントマネジメントの議論には，人事とラインだけでなく，議論の対象となる従業員と仕事上接点のある部門のラインも参加することが一般的なので，このような公式な情報共有の場を持つことにより，人事部はラインが優秀な部下を囲い込むことを防止しつつ，適切な人事権行使につなげることが可能となるのである。

1．5　人事部の方向性

　本書で実施した事例研究を通して，第4章で分類した人事部の特徴のうち，日本的な人的資源管理制度を運用している企業が属する第1象限（人事部権限集中型）と，アングロサクソン的な人的資源制度を運用している企業が属する第3象限（ライン分権型）が優勢であることがわかった。本章における考察の通り，筆者はこの傾向は今後も当分続くものと考えているが，次の2つの可能性に関しては考察しておくべきであろう。

　第1は，同じ日本の労働・雇用環境，法規制下にあって，なぜいわゆる外資系企業はアングロサクソン的人的資源管理制度の運用が可能なのか，換言すれば日本企業でもそれは可能なのか，もしもそうしたければそのためには何が必要か，ということである。

　日本企業でも，アングロサクソン的な人的資源管理制度の運用は可能であろう，というのが筆者の考えである。

　実際に，事例企業のなかでも日系医薬Sは第3象限（ライン分権型）に属していた。では，なぜ事例対象とした日本の企業の中で日系医薬Sだけが，アングロサクソン的人的資源管理を運用できているのだろうか。筆者が最も大きな理由であると考えているのは，当時の同社社長の強いリーダーシップのもと，現在に至る企業ガバナンスモデルや制度を導入したことである。同

社社長が経営学修士（MBA）の学位を持ち，アングロサクソン的ガバナンスモデルに精通していたことも関係あるかも知れない。このことは，国籍にとらわれない経営陣の構成にもつながり（調査当時から執行役員中2名が外国人であった），さらにこれによって日本的人的資源管理制度やその運用にとらわれない体制が採用されたものと思われる。加えて，売り上げ構成のおよそ85％近くを占める強い製品分野（医療用眼科薬）を持っていることから，従業員の専門能力向上に焦点を当てる方が，基盤スキルを重視するよりも同社にとって合理的だったと考えることができる。そして一連の人的資源制度の運用をラインに分権することで，制度と運用のコスト効率性が図られているのである。

　このことからわかるように，経営トップの決断，ならびに制度内容と運用体制との整合性が非常に重要であるといえよう。日本の外資系企業が，日本の労働・雇用環境，法規制にあって，なぜアングロサクソン的人的資源管理制度の運用が可能なのかの答えはここにある。

　日本企業のトップの多くは，日本的雇用慣行・日本的人的資源管理の中で長期にわたって育成され，多様な経験を積み，現在のポジションに就いている。一般的に，人は自分が受け，成長してきた育成システムを踏襲する傾向にあることを思えば，そのようなトップの意思でアングロサクソン的人的資源管理が導入されるケースはさほど多くないかも知れない。しかしながら，ビジネスを世界的に展開し，世界中の従業員を，国を問わずに最適配置しようとする経営者の中には，世界共通の人的資源管理制度としてアングロサクソン的人的資源管理制度を選択する経営者が増加してくる可能性はある。そしてそれは，その日本における法人についても適用可能だろうと考える。

　ところで，日本においてアングロサクソン的人的資源管理をすでに展開している，いわゆる外資系企業の人的資源管理制度は今後どのような方向に進むだろうか。

　日本における外資系企業，特に日本の大企業に相当する規模や歴史を有する外資系企業で，経営者が人的資源管理制度の核となる制度，たとえば社員格付け制度や評価制度，賃金制度を決定できることはほとんどない。人事部

も，多くの場合はアジア地域の地域本社あるいは本国の人事部の統制下にあるため，人事権の人事部への集権度合いも，ある程度は調整可能とはいえ，基本的には本国のモデルに準ずることになる。新規学卒者採用など，日本的雇用慣行に準拠する部分もあるが，それは主流になりにくく，本国のガバナンスが強まるほど，本国から見て「ユニークな」慣行は廃止されがちになる。また，日本法人の人事部の人数は人的資源管理のライン分権モデルに基づいて決定されているため，日本法人が人事部集権を志向しても，すべての案件に対応するのは作業量の面から見て難しい場合が多い。特にこの人員数管理は，筆者の印象では外資系企業の方が日本企業より厳格に行われており，これをきちんと行うことがラインの評価にもつながるため，ラインが自らの責任において業績の悪い従業員の「退出マネジメント」を実施し，人員数管理を行う。「退出マネジメント」が，外資系企業の特徴として特にクローズアップされがちになるのは，このためであろう。

　こうした，外資系企業に対する一般的な印象は，外資系企業が「退職マネジメント」を実施するにあたり，日本企業と比較して相対的にやりやすくしている部分があるかも知れない。なぜならば，外資系企業への入社を選択する時点で，もちろん個々人によって程度の差はあるし企業間により現実的な運用の差もかなり大きいのでそれが正しい理解であるかどうかは別なのであるが，従業員はそうした「印象」をある程度念頭に置いたうえで外資系企業に入社してくるであろうからである。

　この，外資系企業がアングロサクソン的人的資源管理制度を採用する流れは，今後さらに強いものとなるはずである。たとえば本書で取り上げた米系金融Aのように，日本への進出当初は現地適応のために日本的人的資源管理制度を採用していたものが，現地適応が一段落し，本社によるガバナンスが強化されるのに伴い，本国と同じ制度の導入が促進されるのではないか。なぜならこれにより，本国で人材やコストの一元管理がしやすくなるからである。

　一方，外資系企業の人的資源管理制度に目を向けてみると，その社員格付け基準が従来の職務基準からやや大ぐくり化され，役割基準に近いものにな

り，かつそれぞれの格付けに対応する賃金の範囲（バンド）も大ぐくり（ブロードバンド）になっている。これは，結果的に職能資格制度から移行しつつある日本企業と制度的には類似したものとなる。表面的には類似した人的資源管理制度を，外資系企業は本国の圧力によりライン分権をさらに強め従業員個々人の仕事と役割に立脚して運用し，日本企業はライン分権をやや強める傾向にはあるものの依然として人事部集権のもとで職能と役割に立脚して運用するという構図が今後の方向性になるのではないだろうか。

　第2は，日本の大企業の人事部の特徴が，現在優位となっている第1象限（人事部権限集中型）から変化するならば，それはどのような方向か，ということである。

　再度前提条件を簡単に整理しよう。日本企業において，多様な雇用形態が浸透しつつあり，非正規雇用が増加しているとはいえ，依然として日本では大企業・中小企業とも，新規学卒者を採用する志向が高い。また，解雇制限の緩和について様々な議論が進行中ではあるものの，企業にとって「解雇がしやすい」状況になるとは考えにくい。これらのことから考えれば，日本の長期雇用制という慣行には大きな変化は見られそうもない。これが第1の前提である。

　次に，人的資源管理制度の変化の方向に目を向ければ，大企業を中心に職能資格制度に代わって役割等級制度が主流になるだろう。なぜならば，役割等級制度は職能資格制度の運用や解釈に少し手を加えることによって，能力の基準を維持しつつ，職務の基準を加えることができ，役割に応じた柔軟な運用が可能になる制度だからである。これが第2の前提である。

　こうした前提に立てば，取引コストを節約するという観点から考えて，日本の大企業の人事部の特徴は，第1象限（人事部権限集中型）から，人的資源管理制度運用の多くがラインに分権されラインがその運用や意思決定に強く関与する第3象限（ライン分権型）へ移行するとは考えにくい。

　また，第2象限（人事部介入型）は，ラインが人的資源管理制度の運用主体となりながらも，一部の人的資源管理制度運用については人事部が強く関与する型であるが，人事部とラインの「管轄争い」があるなか，人事部がこ

れまで保持してきた人事権のほとんどをラインに分権することは想定しにくく，また，これまで人的資源管理制度を運用する機会が限定されていたラインが人的資源管理制度の運用主体になるとしても，それまでには相当のトレーニング，経験が必要となり，移行までには多大な時間を要するだろう。

したがって，現実的には，日本の大企業の人事部の特徴が将来変化するならば，その方向性は，人事部に人的資源管理運用を集権しつつも，ラインがその一部の運用について主導権をとる型である第4象限（ライン介入型）になるだろうと思われる。では，その可能性について考察してみよう。

採用については，新規学卒者採用が依然として主流ならば，すでに見てきたように，人事部が担当する方が取引コストは低くなるので，基本的には人事部集権の構図は変わらない。しかしながら，今後予想される中途採用者および非正規の一層の増加は，ラインが実施した方が取引コストの減少につながるので，ラインの介入機会は高まるであろう。

異動については，新規学卒者を長期的に育成・活用していくためのラインの囲い込み防止措置としての人事部集権であったわけであるから，中途採用の増加，非正規の増加，役割を基準とした社員格付け制度・賃金制度が今後主流になれば，理論的にはライン分権の余地が高まる。しかし，それでも基本的には長期雇用制が残る前提においてはラインによる人材の囲い込みを防ぐ必要があるため，人事部が人事権を手放すことは適当でない。よって，人事部集権とライン分権の両立が求められることになろう。そのしくみの主なものとして，本書では社内公募制度とタレントマネジメントプログラムを紹介した。

評価（昇・降格や昇・降給）に関しては，役割等級制度を導入した企業が，今後いかに制度設計通りの運用をするかが，人事部の特徴を決定づけるカギとなろう。ここで「設計通りの運用をするか」というのは，職能資格制度から役割等級制度に変更しても，制度の運用は職能資格制度のときと変わらない，というケースが少なくないからである。役割等級制度は，部門長によりその役割が柔軟に決定される点に最大の特徴があるが，この柔軟さは同時に，格付け基準の曖昧さにもつながる。このような状態では，制度移行に伴って

付与した格付け等級を正当化し難く，ましてや，賃金の変更（減給）はなおさら難しい。そのため，制度上は格付け等級の下方修正は可能であるものの運用実績には結びつかず，結果，職能資格制度のときと同じように格付け等級の下方硬直性から抜け出せていないケースが少なくない。そしてこの場合は，人事部の特徴も，職能資格制度のときと同様に人事部権限集中型から変化しない。

　今後，個人が与えられた役割と格付け等級に不整合があると客観的に認められるケースに対してきちんとその不整合の修正実績を積み重ねていくことによって，役割等級制度の運用がラインにも従業員にも認知されてくるはずである。役割変更に伴ったものであっても，減給を伴う格付け等級の変更は，慎重に行わなければ不利益変更として労働問題に発展するリスクも含んでいるため，全面的にライン分権というわけにはいかないだろう。そこで，人事部が主導権を維持しつつ，ラインがこれまで以上にその運用に介入する，すなわち「ライン介入型」が今後予想される姿であるといえよう。

　以上をまとめれば，役割等級制度が今後主流になることにより，かつ，中途採用や非正規雇用の増加によって，人的資源管理の運用におけるラインの役割は格段に高まるものと考えられる。しかし一方で，根強い新規学卒者採用志向と解雇制限がもたらす長期雇用慣行，役割等級制度が持つ「人基準」の制度的性格などにより，人事権の人事部への集中が急激に失われることも想定しにくい。

　よって，日本の大企業における人事部の特徴は「人事部権限集中型」から，その程度がやや緩和された「ライン介入型」に，将来的に移行する可能性が最も高いと考えることができる（図8-2）。

2　今後の課題

　本書は，これまで実態調査が十分とはいえなかった人事部門の役割，特にラインとの間による人的資源管理制度の運用の分担に関して事例調査と郵送質問紙調査の手法を用いて検証したことにより，その実態と，それを通した

第8章　今後の方向性と課題　177

図8-2　象限ごとの人事部の特徴

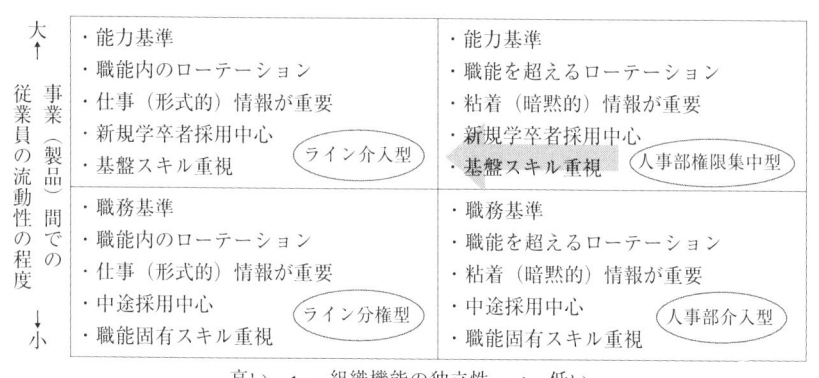

```
大
↑         ・能力基準                    ・能力基準
事         ・職能内のローテーション         ・職能を超えるローテーション
業         ・仕事（形式的）情報が重要       ・粘着（暗黙的）情報が重要
従  （      ・新規学卒者採用中心            ・新規学卒者採用中心
業  製      ・基盤スキル重視 （ライン介入型） ・基盤スキル重視 （人事部権限集中型）
員  品
の  ）     ────────────────────────────────────────────
流  間     ・職務基準                    ・職務基準
動  で     ・職能内のローテーション         ・職能を超えるローテーション
性  の     ・仕事（形式的）情報が重要       ・粘着（暗黙的）情報が重要
の         ・中途採用中心 （ライン分権型）   ・中途採用中心 （人事部介入型）
程         ・職能固有スキル重視            ・職能固有スキル重視
度
↓
小
            高い　←　組織機能の独立性　→　低い
          （低い←　ある部門の経験を他部門で活用できる程度　→　高い）
```

出所：筆者作成。

日本的雇用慣行の変化について考察を行うことができた。しかしながら同時に，まだまだ今後も引き続き研究すべき課題が多く存在していることは，言うまでもない事実である。

　具体的には，本調査は事例調査の方法論に沿ったものではあるものの調査対象企業数とその範囲が必ずしも十分とはいえず，この結果が日本の大企業全体の姿を捉えているかどうかという点はさらなる検証が必要である。

　郵送質問紙調査の課題においても，回収できた回答数は必ずしも十分とはいえず，2回の調査の差の検定や，多角的な統計分析を行うにはより多量の情報分析が必要である。

　こうした点は，簡単に判明できるものではないものと重々承知はしているが，今後さらなる実態調査や質問方法の工夫などによって解明できるものと考えている。

　本書での調査分析と，近年の人的資源管理制度の動向から，筆者は，「役割等級制度のもと，人事権は人事への集中を基本としながらも一部ラインに分権される」姿を，将来の日本的雇用慣行の特徴として予測した。この新たな日本的雇用慣行は，役割等級制度が，その制度設計通りに運用されていく

ことを前提にしている。

　本書の調査結果では，役割等級制度を導入している企業で，役割等級制度が「能力主義と職務主義の混合思想」であるにもかかわらず，人事権が人事部に集中し，能力主義をベースとした運用がなされていた。また，職能資格制度から役割等級制度に転換した企業の人事担当者から筆者が聞いた事例の範囲では，役割等級制度への転換後も，役割の上方見直し（昇格・昇給）はあったが，下方見直し（降格・降給）の事例はほとんど発生していなかった。役割等級制度を導入した企業の運用実態については，今後も継続して観察していく必要がある。

　さらには，日本の大企業における人事部の特徴は「人事部権限集中型」から，その程度がやや緩和された「ライン介入型」に，将来的に移行する可能性が最も高いと考えたものの，現時点では「人事部権限集中型」が主流であり，「ライン介入型」への移行の動きはまだまだ弱い。引き続き，その実態を丁寧に観察する必要がある。

　本書は，日本企業の雇用慣行を日本的雇用慣行と捉えて考察してきたが，外資系企業を含めた，日本でオペレーションしている企業全体の雇用慣行を日本的雇用慣行と捉えれば，異なる見方ができたかも知れない。同一労働市場で人材獲得競争をしている日本企業と外資系企業とで方向性が異なるとすれば，可能性としては両者が併存するか，あるいはどちらかに収斂するか，いずれかになる。この点も，日本的雇用慣行の将来を考えるに際して重要な点であり，まだまだ本書での考察が至らない部分である。

　ともあれ，本書で紹介した過去の変化，本書で考察した今後の変化は，急に生じたものでも，これからすぐに生じるものでも，もちろんない。

　本書のとりかかりから今日までの変化の観察に要した10年という年月以上に，今後長い期間にわたる継続的な観察が引き続き必要といえる。

　今後の課題として以上を掲げ，筆者のライフワークとして，次の研究につなげることにしたい。

付属資料1　　　第1回質問調査票

「人事部門の組織と機能に関する調査」ご協力のお願い

　貴社におかれましては，ますますご清栄のこととお慶び申しあげます。

　昨今，日本企業における今後の人事・賃金制度の方向性に関する研究が盛んに行われています。その反面，人事制度を主管する人事部門のあり方については，その理論構築が必ずしも十分ではないと考えております。そこで慶應義塾大学産業研究所では「人事部門の組織と機能に関する研究会」を開催し，人事部門の機能と組織のあり方について検討することと致しました。

　本調査は，同研究会における検討のため，人事部門とライン管理職が人事機能をどのように分担しているかの実態を把握することを目的としています。

　皆さまにご記入いただきました内容につきましては，すべて数値化し統計的に処理し，また，研究以外の目的には使用いたしません。

　ご多用のところ大変恐縮ではございますが，調査にご協力くださいますようお願い申しあげます。

【質問文中の用語の定義について】
- 質問文にある「従業員」とは，特に断りのない場合は正規雇用のホワイトカラー労働者全般を指します。ただし，研究開発や法務など特に専門性が高い職種の労働者は対象外とします。
- 質問中にある「人事部門」とは，本社人事部門を指します。

【本調査に関するお問い合わせ先】
- ご不明な点は，下記事務局宛てに e-mail にてご連絡ください。
  慶應義塾大学 産業研究所「人事部門の組織と機能に関する研究会」事務局
  Email : chosakenkyu@a8.keio.jp

勝手ではございますが，集計分析の都合上，
2008年2月22日（金曜日）までに，同封の返信用封筒にて，ご投函ください。

慶應義塾大学 産業研究所
人事部門の組織と機能に関する研究会
（主査：八代充史　慶應義塾大学商学部教授）

1. 貴社の人事賃金制度の導入状況や，人的資源管理の実態をお伺いします。以下に挙げる各々の質問について，貴社の実情に近いほうを1つだけ選び，番号に○をつけてください。

問1. 従業員は，次のうちいずれの考えで採用していますか。
　1．新規学卒者を中心とした採用をしている　　2．中途採用を中心としている

問2. 新規学卒者採用において，次のいずれを相対的に重視しますか。
　1．会社全体に共通して必要な基礎的な能力や行動様式
　2．入社後に従事させる予定の職務遂行に必要な専門的能力や行動様式

問3. 中途採用において，次のいずれを相対的に重視しますか。
　1．会社全体に共通して必要な基礎的な能力や行動様式
　2．入社後に従事させる予定の職務遂行に必要な専門的能力や行動様式

問4. 経理，営業，人事といった職能を超える定期的な配置転換は定着していますか。
　1．定着している　　　　　　2．定着していない

問5. 人事部門は，従業員の日頃の職務遂行状況や適性に関する情報を収集していますか。
　1．収集している　　　　　　2．収集していない

問6. （問5で，「1. 収集している」と答えた方だけにお尋ねします）
実際に行っている方法について，以下の中からあてはまるものすべてに○をしてください。
1. 自己申告シートなどの定型フォーマットにより収集
2. 従業員と直接面談して収集
3. ライン管理職と面談して収集
4. 職場での各種会合に出向いて収集
5. 研修での観察を通して収集
6. その他（具体的に：　　　　　　　　　　　　　　　）

問7. （問5で，「2. 収集していない」と答えた方だけにお尋ねします）
情報収集していない理由について，以下の中からあてはまるものすべてに○をしてください。
1. 意識して収集しなくても必要な情報が集まってくるため
2. 収集するのに非常に手間がかかるため
3. 情報を集めても，人事部門が内容を十分に理解できないため
4. 情報を集めても，それを人事部門では直接活用しないため
5. その他（具体的に：　　　　　　　　　　　　　　　）

問8. 昇給予算の執行は，次のどちらの考えで行なわれますか。
1. 人事考課結果が決まれば，それに応じた昇給額（率）が自動的に割り振られる
2. ライン管理職は，人事部門から示される昇給予算の範囲内で任意に部下の昇給額を決定する
3. その他（具体的に：　　　　　　　　　　　　　　　）

問9. 賞与予算の執行は，次のどちらの考えで行なわれますか。
1. 人事考課結果が決まれば，それに応じた賞与額（率）が自動的に割り振られる
2. ライン管理職は，人事部門から予め示される予算枠内で任意の部下の賞与額

を決定する
3. その他（具体的に：　　　　　　　　　　　　　　　　　）

問10．ライン管理職は，自分の部下の賃金額をいつでも把握できますか。
 1. 把握する必要がある場合は，人事部門に確認するようになっている
 2. ライン管理職自身がいつでも把握できるようになっている
 3. その他（具体的に：　　　　　　　　　　　　　　　　　）

問11．従業員の能力開発に対する基本的考えは，次のいずれに近いですか。
 1. 会社が責任を持って，従業員の能力開発をおこなうべきものだと考えている
 2. 従業員本人が自らの能力開発に責任を持って，自らおこなうべきものだと考えている
 3. その他（具体的に：　　　　　　　　　　　　　　　　　）

問12．基本給を決定する際には，次のいずれが重視されますか。決定に際して，最も重視されるもの1つに○をつけてください。
 1. 年齢
 2. 勤続年数
 3. 職務遂行能力
 4. 職務価値
 5. 役割
 6. その他（具体的に：　　　　　　　　　　　　　　　　　）

2．貴社における人的資源管理の実施担当についてお伺いします。
以下に挙げる各々の質問について，貴社の実情に近いほうを1つだけ選び，番号に○をつけてください。なお，選択肢にある「ライン」は，部門やその長・担当者を指します。

問13．新規学卒採用者の合否の最終決定は，次のどちらの意見によって決まりますか。

1. 人事部門　　　　　　2. ライン

問 14. 中途採用者の合否の最終決定は，次のどちらの意見によって決まりますか。
1. 人事部門　　　　　　2. ライン

問 15. 同一職能内の人事異動の起案は，次のどちらの方法で行なわれますか。
1. 人事部門　　　　　　2. ライン

問 16. 同一職能内の人事異動の最終決定は，次のどちらの意見によって決まりますか。
1. 人事部門　　　　　　2. ライン

問 17. 職能を超える人事異動の最終決定は，次のどちらの意見によって決まりますか。
1. 人事部門　　　　　　2. ライン

問 18. 昇格人事は，次のどちらが起案しますか。
1. 人事部門　　　　　　2. ライン

問 19. 昇格人事は，次のどちらが最終決定しますか。
1. 人事部門　　　　　　2. ライン

問 20. 人事考課の結果は，最終的に次のどちらが分布の調整を行いますか。
1. 人事部門　　　　　　2. ライン

問 21. 人事制度の規程の運用は，次のいずれの考えで行なわれますか。
1. 人事制度は，人事部門によって詳細な運用ルールまで規定されている
2. 人事制度は，大きなガイドラインが示され，運用はラインに任されている

問 22. 階層別教育のような全社教育を，事業部などの部門でも個別に実施してい

ますか。
1. 実施していない　　　2. 実施している

問23. 総合的に見て，人的資源管理の実施主体は，次のどちらにありますか。
1. 人事部門　　　　　　2. ライン

問24. 貴社では人事部員の育成のためにどのような対策をとっていますか。あてはまるものすべてに○をつけてください。
1. 挑戦的な仕事をまかせる
2. クロスファンクション活動に参加させる
3. 新しいプログラム導入をまかせる
4. 人事職能内で異なる仕事を経験させる
5. 社内の他の職能を経験させる
6. 労働組合活動を経験させる
7. コーチングを実施する
8. 他社の人事部員と交流させる
9. 専門書を購読させる
10. 集合教育を受講させる
11. 会議に出席させる
12. その他（具体的に：　　　　　　　　　　）

3. 貴社の概要についてお伺いいたします。

問25. 貴社の主たる業種は以下のどれですか。ひとつに○をつけてください。
1. 農林漁業　2. 鉱業　3. 建設業　4. 不動産業　5. 製造業
6. 運輸業　7. 通信業　8. 電気・ガス・水道業　9. 卸売業
10. 小売業　11. 金融・保険業　12. 情報処理・ソフトウェア業
13. 飲食店・宿泊業　14. 医療・福祉　15. 教育・学習支援
16. その他の業種（　　　　　　　　　　　　　　　　　）

問26. 貴社の資本金についてお教えください。
　　資本金（　　　　　　　　）億円

問27. 貴社の資本関係について，以下のうちひとつに○をつけてください。
　1. 日本企業（株式上場企業）
　2. 日本企業（非上場企業）
　3. 米企業の100％在日子会社
　4. 上記以外の外資系企業

問28. 貴社の設立年をお教えください。
　　西暦（　　　　　）年

問29. 貴社の直近の経営上の実績値についてお教えください。
　・売上高（単独）　　　（　　　　　　）百万円
　・経常利益（単独）　　（　　　　　　）百万円
　・海外売上高比率（次のうちからひとつに○をつけてください）
　　1. 10％未満　2. 10％〜20％　3. 21％〜30％　4. 31％〜50％　5. 51％以上

問30. 貴社の国内単体の人員構成上の特徴についてお尋ねいたします。
　・正社員数　　（　　　　　　　　）人
　・年間正社員採用者全体に占める中途採用者の採用比率（ひとつに○をつけてください）
　　1. 10％未満　2. 10％以上〜30％未満　3. 30％以上〜50％未満
　　4. 50％以上〜70％未満　5. 70％以上
　・管理職（部下を持つ課長職相当以上）に占める中途採用者の比率
　　1. 5％未満　2. 5％以上〜10％未満　3. 10％以上〜30％未満
　　4. 30％以上〜50％未満　5. 50％以上
　・過去3年間の平均新規学卒者採用人数
　　（　　　　　　）人
　・過去3年間の正社員の採用者全体に占める，新規学卒者採用比率

1. 10％未満　2. 10％以上～30％未満　3. 30％以上～60％未満
4. 60％以上～90％未満　5. 90％以上

問31. 貴社には労働組合はありますか。
1. ある　　　　　　　　2. ない

問32. 貴社の組織形態の実態をお教えください（次のうちからひとつに○をつけてください）。
1. 機能別組織（営業，生産といった経営機能ごとに編成された組織形態）
2. 事業別組織（本社の下に，事業ごとに編成された組織（事業部）を配置した組織形態）
3. マトリクス組織（機能別組織，製品別組織など，異なる組織形態の利点を同時に達成しようとする組織形態）
4. 持株会社

問33. 貴社では，人事部員1人あたりおおよそ何人の従業員をサポートしていますか。
1. 60人未満　2. 60人以上～90人未満　3. 90人以上～120人未満
4. 120人以上～150人未満　5. 150人以上～180人未満　6. 180人以上

問34. 以下の業務のうち，アウトソーシングしているものがあれば，あてはまるものすべてに○をつけてください。ただしここで言うアウトソース先は，貴社の関連会社を除きます。
1. 福利厚生の管理　2. 教育研修　3. 給与計算　4. 募集と採用　5. 人事情報システムの運用　6. その他（具体的に：　　　　　　　　　　　　）

問35. 人事制度改革を行なう場合，その主なきっかけとなるものは次のうちどれでしょうか。あてはまるものすべてに○をつけてください。
1. 労働法制の変更　2. 企業業績の変化　3. 他社の制度動向　4. 採用市場の動向　5. 企業トップの考え　6. 社員の声　7. 労働組合の要求　8. マスコミ対策

9. その他（具体的に：　　　　　　　　　　　　　　　　　　　　）

これでアンケートは終了です。
最後までご回答いただき本当にありがとうございました。

調査結果がまとまりましたらその概要を電子メールにてお送りしたいと存じます。
お送りして差し支えなければ以下に送付先をお教えください。
　　・企業名　　　　：
　　・所属・役職名　：
　　・ご氏名　　　　：
　　・email アドレス：

| 付属資料2　　　第2回質問調査票 |

「人事部門の組織と機能に関する調査」ご協力のお願い

　貴社におかれましては，ますますご清栄のこととお慶び申しあげます。
　昨今，日本企業における今後の人事・賃金制度の方向性に関する研究が盛んに行われています。その反面，人事制度を主管する人事部門のあり方については，その理論構築が必ずしも十分ではないと考えております。そこで慶應義塾大学産業研究所では「人事部門の組織と機能に関する研究会」を開催し，人事部門の機能と組織のあり方について検討することと致しました。
　本調査は，同研究会における検討のため，人事部門とライン管理職が人事機能をどのように分担しているかの実態を把握することを目的としています。
　皆さまにご記入いただきました内容につきましては，すべて数値化し統計的に処理し，また，研究以外の目的には使用いたしません。
　ご多用のところ大変恐縮ではございますが，調査にご協力くださいますようお願い申しあげます。

【質問文中の用語の定義について】
・　質問文にある「従業員」とは，特に断りのない場合は正規雇用のホワイトカラー労働者全般を指します。ただし，研究開発や法務など特に専門性が高い職種の労働者は対象外とします。
・　質問中にある「人事部門」とは，本社人事部門を指します。

【本調査に関するお問い合わせ先】
・　ご不明な点は，下記事務局宛てにe-mailにてご連絡ください。
　　慶應義塾大学 産業研究所「人事部門の組織と機能に関する研究会」事務局
　　Email : chosakenkyu@a8.keio.jp

[調査協力機関]
株式会社サーベイリサーチセンター
〒116-8581　東京都荒川区西日暮里 2-40-10
http://www.surece.co.jp/src/index.html

勝手ではございますが，集計分析の都合上，
2009年2月6日（金曜日）までに，同封の返信用封筒にて，ご投函ください。

慶應義塾大学 産業研究所
人事部門の組織と機能に関する研究会
（主査：八代充史　慶應義塾大学商学部教授）

1. 貴社の人事賃金制度の導入状況や，人的資源管理の実態をお伺いします。
以下に挙げる各々の質問について，貴社の実情に近いほうを1つだけ選び番号に○
をつけてください。

問1．貴社では，従業員は次のうちいずれの考えで採用していますか。
　1．新規学卒者を中心とした採用をしている　　2．中途採用を中心としている

問2．あなたが新規学卒者採用を行う場合は，次のいずれを相対的に重視しますか。
　1．会社全体に共通して必要な基礎的な能力や行動様式
　2．入社後に従事させる予定の職務遂行に必要な専門的能力や行動様式
　3．新規学卒者の採用には関与していない

問3．あなたが中途採用を行う場合は，次のいずれを相対的に重視しますか。
　1．会社全体に共通して必要な基礎的な能力や行動様式
　2．入社後に従事させる予定の職務遂行に必要な専門的能力や行動様式
　3．中途採用には関与していない

問4．貴社では経理，営業，人事といった職能を超える定期的な配置転換は定着し

ていますか。
1. 定着している　　　　　　2. 定着していない

問5. 貴社の人事部門では，従業員の日頃の職務遂行状況や適性に関する情報を収集していますか。
1. 収集している　　　　　　2. 収集していない

問6. （問5で，「1. 収集している」と答えた方だけにお尋ねします）
実際に行っている方法について，以下の中からあてはまるものすべてに○をしてください。
1. 自己申告シートなどの定型フォーマットにより収集
2. 従業員と直接面談して収集
3. ライン管理職と面談して収集
4. 職場での各種会合に出向いて収集
5. 研修での観察を通して収集
6. 従業員本人や管理職とのインフォーマルな会話を通して収集
7. 労働組合を通して収集
8. その他（具体的に：　　　　　　　　　　　　　　）

問7. （問5で，「2. 収集していない」と答えた方だけにお尋ねします）
情報収集していない理由について，以下の中からあてはまるものすべてに○をしてください。
1. 意識して収集しなくても必要な情報が人事部門に集まるようになっているため
2. 収集するのに非常に手間がかかるため
3. 情報を集めても，人事部門では内容を十分に理解できないため
4. 情報を集めても，それを人事部門では直接活用しないため
5. その他（具体的に：　　　　　　　　　　　　　　）

問8. 貴社では，昇給予算の執行は次のどちらの考えで行なわれますか。

1. 人事考課結果が決まれば，それに応じた昇給額（率）が自動的に割り振られる
2. ライン管理職は，人事部門から示される昇給予算の範囲内で任意に部下の昇給額を決定する
3. その他（具体的に：　　　　　　　　　　　　　　　　　　　）

問9. 貴社では，賞与予算の執行は次のどちらの考えで行なわれますか。
1. 人事考課結果が決まれば，それに応じた賞与額（率）が自動的に割り振られる
2. ライン管理職は，人事部門から予め示される予算枠内で任意の部下の賞与額を決定する
3. その他（具体的に：　　　　　　　　　　　　　　　　　　　）

問10. あなたは，自分の部下の賃金額をいつでも把握できますか。
1. 把握する必要がある場合は，人事部門に確認するようになっている
2. 現場の管理職である自分がいつでも把握できるようになっている
3. その他（具体的に：　　　　　　　　　　　　　　　　　　　）

問11. 貴社では，従業員の能力開発に対する基本的考えは次のいずれに近いですか。
1. 会社が責任を持って，従業員の能力開発をおこなうべきものだと考えている
2. 従業員本人が自らの能力開発に責任を持って，自らおこなうべきものだと考えている
3. その他（具体的に：　　　　　　　　　　　　　　　　　　　）

問12. 貴社では，基本給を決定する際には次のいずれが重視されますか。決定に際して，最も重視されるもの1つに○をつけてください。
1. 年齢
2. 勤続年数
3. 職務遂行能力
4. 職務価値

5. 役割
6. その他（具体的に：　　　　　　　　　　　　　）

2. 貴社における人的資源管理の実施担当についてお伺いします。
以下に挙げる各々の質問について，貴社の実情に近いほうを１つだけ選び，番号に○をつけてください。なお，選択肢にある「ライン」は，部門やその長・担当者を指します。

問13．新規学卒採用者の合否の最終決定は，次のどちらの意見によって決まりますか。
　1．人事部門　　　　　　2．ライン

問14．中途採用者の合否の最終決定は，次のどちらの意見によって決まりますか。
　1．人事部門　　　　　　2．ライン

問15．同一職能内の人事異動の起案は，次のどちらの方法で行なわれますか。
　1．人事部門　　　　　　2．ライン

問16．同一職能内の人事異動の最終決定は，次のどちらの意見によって決まりますか。
　1．人事部門　　　　　　2．ライン

問17．職能を超える人事異動の最終決定は，次のどちらの意見によって決まりますか。
　1．人事部門　　　　　　2．ライン

問18．昇格人事は，次のどちらが起案しますか。
　1．人事部門　　　　　　2．ライン

問19．昇格人事は，次のどちらが最終決定しますか。

1. 人事部門　　　　　　2. ライン

問20. 人事考課の結果は，最終的に次のどちらが分布の調整を行いますか。
1. 人事部門　　　　　　2. ライン

問21. 人事制度の規程の運用は，次のいずれの考えで行なわれますか。
1. 人事制度は，人事部門によって詳細な運用ルールまで規定されている
2. 人事制度は，大きなガイドラインが示され，運用はラインに任されている

問22. 階層別教育のような全社教育を，事業部などの部門でも個別に実施していますか。
1. 実施していない　　　　2. 実施している

問23. 総合的に見て，人的資源管理の実施主体は，次のどちらにありますか。
1. 人事部門　　　　　　2. ライン

問24. あなたは部員の育成のためにどのような対策をとっていますか。あてはまるものすべてに○をつけてください。
1. 挑戦的な仕事をまかせる
2. 他部署との協働活動に参加させる
3. 新しいプログラム導入をまかせる
4. 職能内で異なる仕事を経験させる
5. 社内の他の職能を経験させる
6. 労働組合活動を経験させる
7. コーチングを実施する
8. 他社の従業員と交流させる
9. 専門書を購読させる
10. 集合教育を受講させる
11. 会議に出席させる
12. その他（具体的に：　　　　　　　　　　　）

問25. あなたは人事部門に対して何を期待していますか。あてはまるものすべてに○をつけてください。
 1. 会社業績の向上
 2. ブランド力の向上
 3. 従業員の公平な取り扱い
 4. 優秀な人材への特別措置
 5. 労働組合（従業員代表）との良好な関係維持
 6. 経営理念の実現
 7. 事業戦略の立案
 8. 従業員への働き甲斐の提供
 9. 組織風土の改革
 10. 従業員のローテーション
 11. 従業員教育の充実
 12. 従業員の職務遂行状況や適性情報の収集
 13. その他（具体的に：　　　　　　　　）

問26. 貴部署は，次のうちどれにあてはまりますか。ひとつに○をつけてください。
 1. 管理・スタッフ部門
 2. 営業・販売部門
 3. 技術部門
 4. 顧客へのサービス部門
 5. その他（　　　　　　　　　　　　　）

これでアンケートは終了です。最後までご回答いただき本当にありがとうございました。

あとがき

　本書は，筆者が慶應義塾大学大学院商学研究科博士後期課程に在籍していた際に行った研究をもとに執筆したものである。

　1998年に発刊された八代尚宏氏の『人事部はもういらない』は，社会に出て以来人事職能に従事してきた筆者にとって衝撃的な書であった。また当時筆者は，慶應義塾大学大学院経営管理研究科（慶應ビジネススクール）で学んでおり，戦略的人的資源管理（Strategic Human Resource Management）のようなアメリカの新しい人材マネジメントの考え方に触れていた時代であったため，なおさらその内容には説得力があるように思えた。

　さらには2000年にヒューレット・パッカード社の日本法人に入社し，人事部組織の構成や人材マネジメントの考え方が日本企業のそれと大きく異なることに驚き，その合理性に感心し，以来，スイスに本社を置くアグリビジネスの世界的企業であるシンジェンタ社の日本法人，アメリカに本社を置くティファニー・アンド・カンパニーの日本法人を通して15年以上，欧米企業において人材マネジメントを担当してきた。

　世界的な標準ともいえるアングロサクソン的雇用慣行ならびに人的資源諸制度の運用がなぜ日本企業において定着しないのか。企業によって，特に日本企業と外資系企業で人事部とラインの人的資源管理制度運用における役割分担度合いがかなり異なるのはなぜか。筆者がずっと持ち続けてきた関心である。

　日本的雇用慣行がアングロサクソン的雇用慣行の方向へ変化していくかも知れないというかすかな流れは，1990年代終盤から日本企業において導入が進んだ，いわゆる職務をベースにした成果主義人事制度によってもたらされたかに見えた。しかしながら結果としては，アングロサクソン型の人的資

源管理制度の導入は当時予想されていたようには浸透せず，日本的雇用慣行の大きな特徴である新規学卒採用や長期雇用は維持されたままであった。

八代尚宏氏の『人事部はもういらない』も，次いで2001年に発刊され人事部に対して同様の議論を展開した樋口美雄氏の『人事経済学』も，その議論のもとになっているのは職務内容を明確に規定し，従事する職務に応じた賃金を支払うという欧米企業では一般的な職務等級制度であるから，「成果主義ブーム」が去った後は，人事部不要論も沈静化したように見えた。

一方，日本企業における人的資源管理制度の方向性に関する研究は，成果主義人事制度の導入がひと段落した後も盛んに行われてきた。その反面，人事制度を主管する人事部の在り方については，その理論構築が必ずしも十分に進んでいないように思えた。そこで八代充史先生主査のもと，慶應義塾大学から学事振興資金の支援を得て「人事部門の組織と機能に関する研究会」およびそれに続く「人事部門の組織と機能の国際比較」を立ち上げ，人事部の機能と組織の在り方について検討したことが本書のベースとなっている。

検討の結果，日本の大企業では人事部に人事権を集中し，企業内労働市場で従業員に職能を超える経験をも与えながら長期的に雇用していくという，いわゆる日本的雇用慣行が日本の大企業においては依然として主流となっていることが観察された。

筆者は，日本的雇用慣行を否定してはいない。むしろ良い面もたくさんあると考えている。一方でアングロサクソン的雇用慣行や人的資源管理の運用の仕方にも，合理的で良い面がたくさんあると考えている。そのいずれを選択するかは経営判断であろう。そして重要なのは，それぞれの選択肢に適合した人的資源管理の在り方および人事部の在り方があるということであり，この点が本書の企業経営者および実務担当者に対するメッセージである。

本書の刊行にあたっては非常に数多くの方々からご支援をいただいた。

まず，慶應義塾大学産業研究所の叢書として本書を出版する機会を与えてくださった中島隆信前所長ならびに2015年9月30日より着任された河井啓希所長，石岡克俊図書委員長にお礼を申し上げたい。

あとがき

　本書の実現は，八代充史慶應義塾大学商学部教授のご指導なしにはありえなかった。いや，本書どころか，本書に関連する私のすべての研究実績は，先生のご指導による成果物である。今にして思えば，これまでの学会誌や学会，研究会での発表はもとより，関連研究会への参加，諸先生方との関係構築などすべてが，その時期も含めて八代先生が敷いてくださった完璧な段取りの上を歩いてきたに過ぎない。

　筆者は，八代先生がオックスフォード大学での研究から戻られて博士課程の学生を指導されることになった際の「一番弟子」であり，実業での忙しさを言い訳にして博士論文執筆を遅々として進めず，ひとたび執筆を始めると今度は論点の軸がぶれがちになる不肖の弟子である筆者を，研究の「いろは」を含む多くのアドバイスとともに常に適切に導いてくださった。気がつけば，八代先生の門をたたいてから10年が経つ。心から感謝の意をお伝えしたい。

　慶應ビジネススクール時代の恩師である髙木晴夫先生に賜った学恩も計り知れない。先生は筆者に実業と学問を結びつける実践的研究の重要さ，おもしろさに目を開かせてくださった。髙木先生は覚えていらっしゃらないだろうが，先生がぽつりと言われた「一守君は将来良い研究者になる」という一言が，単純な私をその気にさせてしまったのである。

　本書の執筆にあたって，様々な先生方から刺激を受け，多くを学ばせていただいた。

　青山学院大学大学院の須田敏子先生からは，「日本的雇用慣行と人事部による集権的人事管理，ならびにアングロサクソン的雇用慣行とラインによる分権的人事管理がそれぞれ補完的である」というフレームワークを教わっただけでなく，事例研究の理論的考え方や実施方法についてご教授いただいた。

　神戸大学大学院の平野光俊先生は，企業での人事プロフェッショナルとしての実務経験をベースにアカデミックの世界で「経営実践のための研究」に取り組まれている，筆者の目標にしたい存在である。学会でお会いした際に，平野先生の著書にお書き頂いた「HRMの進化の研究をともに！」というメッセージを，今も大切に持っている。

慶應義塾大学産業研究所には，本書出版の機会を与えていただいただけでなく，「人事部門の組織と機能に関する研究会」の活動を，慶應義塾学事振興資金の援助と合わせてご支援いただいた。当研究会には，主査として活動を導いてくださった八代充史先生のほか，須田敏子先生，慶應ビジネススクールの大先輩でもある横田絵理慶應義塾大学教授，現在同志社大学大学院で教鞭を執っておられる山内麻理先生，現東海学園大学の南雲智映先生など，大勢のメンバーに参加いただき，数多くの有益なご示唆をいただいた。

本書完成に要した長い年月の間には，多くの発表機会に恵まれ，そこで多くの貴重なアドバイスやコメントを頂戴した。

慶應義塾大学商学部の菊澤研宗先生には，本書の理論的フレームワークである取引コスト理論に関し，ご専門の立場から的確なアドバイスをいただいた。

慶應義塾大学の佐野陽子先生と石田英夫先生によって，若手研究者の育成と研究者，実務家との交流を目的として1985年に発足した「慶應義塾大学産業研究所 HRM 研究会」においても，本書に関連する発表をさせていただいた。その際，研究会に参加された研究者の方々，実務家の方々からいただいたコメントも，本書の，特に第8章に盛り込ませていただいた。

学会の全国大会や地方部会，学会誌でも報告の機会をいただき，多くの研究者の方々からご指導をいただいた。発表の機会を与えてくださった日本労務学会，日本経営学会，慶應義塾大学産業研究所ならびに諸先生方に感謝申し上げたい。

本書の調査アプローチの核とした事例調査の聞き取りに応じていただいた企業の皆様にも心から感謝の意をお伝えしたい。企業名とともに匿名の制約のある方もあって，ここにお一人ずつのお名前をあげることはできないが，この方々のご協力のおかげで本書は生まれたのである。

慶應義塾大学出版会の村山夏子氏にも大変お世話になった。最初の単著出版となる筆者に対し，読者の視点に立った的確なアドバイスを提案していただいただけでなく，辛抱強く編集の労をお取りいただいた。

こうして振り返ると，本書がいかに多くの方々のご支援により生まれてき

たか，あらためて気づかされる。筆者の能力不足ゆえに，頂戴したアドバイスをすべて本書に反映できたわけではないかも知れないが，今後の研究で本書の諸問題を改善していくということでご容赦いただき，この機会をお借りして，ここにお名前を紹介できなかった方々を含めてすべての方々に対し改めて謝意を申し上げたい。

　最後に，筆者は企業に勤務する傍ら研究に従事していたため，本書の執筆は主に週末を利用してのものになった。平日は朝早くから家を出て夜遅くに帰宅し，週末に執筆する，そんな夫・父親を支えてくれた家族にも，この場を借りてお礼を言いたい。ありがとう。

　2016年2月

一守　靖

参考文献

[日本語文献]

阿部正浩（2007）「ポジティブ・アクション，ワーク・ライフ・バランスと生産性」『季刊・社会保障研究』Vol. 43, No. 3, pp. 184-196。

阿部正浩（2010）「非正規雇用増加の背景とその政策対応」樋口美雄編『バブル／デフレ期の日本経済と経済政策 6　労働市場と所得分配』慶應義塾大学出版会，第 13 章。

青木昌彦（1989）『日本企業の組織と情報』東洋経済新報社。

荒井一博（2001）『文化・組織・雇用制度——日本的システムの経済分析』有斐閣。

石田光男（2006）「賃金制度改革の着地点」『日本労働研究雑誌』No. 554, pp. 47-60。

泉輝孝（2000）「職業能力の市場通用性に関する研究」『総合研究所所報』Vol. 8, pp. 177-197。

伊丹敬之・加護野忠男（1989）『ゼミナール経営学入門』日本経済新聞社。

一守靖（2011）「人事労務管理における人事部門とラインの役割分担——日本の大企業に対する郵送質問紙調査を中心に」『三田商学研究』第 53 巻第 6 号, pp. 27-41。

伊藤健市・田中和雄・中川誠士（2002）『アメリカ企業のヒューマン・リソース・マネジメント』税務経理協会。

今井斉（1991）「近代的人事管理の生成」小林康助編著『労務管理の生成と展開』ミネルヴァ書房，第 2 章。

今井斉（2000）「アメリカの人事労務管理——雇用管理の柔軟化とジャパナイゼーションの進展」奥林康司・今井斉・風間信隆編著『現代労務管理の国際比較』ミネルヴァ書房，第 1 章。

今井賢一・伊丹敬之・小池和男（1982）『内部組織の経済学』東洋経済新報社。

今井賢一・宇沢弘文・小宮隆太郎・根岸隆・村上泰亮（1971）『現代経済学　第 1 巻　価格理論 I』岩波書店。

今野浩一郎（1987）「人事部の現状と人事部長のプロフィール——アンケートを基にして」『労働法学研究会』。

岩出博（1989）『アメリカ労務管理論史』三嶺書房。

梅崎修（2005）「仕事配分と管理職の役割」松繁寿和・梅崎修・中嶋哲夫編著『人事の経済分析——人事制度改革と人材マネジメント』ミネルヴァ書房，第 8 章。

占部都美（1978）『日本的経営を考える』中央経済社。

江夏幾多郎・平野光俊（2012）「社員格付原理としての役割主義の機能要件——人事部の権限と体制に着目して」『組織科学』Vol. 45, No. 3, pp. 67-79。

大竹文雄・藤川恵子（2001）「日本の整理解雇」猪木武徳・大竹文雄編（2001）『雇用政策

の経済分析』東京大学出版会，第1章。
奥西好夫（2001）「『成果主義』賃金の導入の条件」『組織科学』Vol. 34, No. 3。
オルコット，ジョージ（2010）『外資が変える日本的経営——ハイブリッド経営の組織論』平尾光司・宮本光晴・山内麻理訳，日本経済新聞出版社。
金井壽宏・守島基博・高橋潔（2002）『会社の元気は人事がつくる——企業変革を生み出すHRM』日本経団連出版。
金井壽宏・守島基博編著（2004）『CHO——最高人事責任者が会社を変える』東洋経済新報社。
川口章（2007）「日本的雇用制度・経営改革・女性の活躍」『企業のコーポレートガバナンス・CSRと人事戦略に関する調査研究報告書』労働政策研究報告書，No. 74, 第6章。
川口章（2008）「ポジティブ・アクションは有効に機能しているのか」『日本労働研究雑誌』No. 573, pp. 24–27。
川口章・西谷公孝（2011）「コーポレート・ガバナンスと女性の活躍」『日本経済研究』No. 65。
菊澤研宗（2006a）『組織の経済学入門——新制度派経済学アプローチ』有斐閣。
菊澤研宗（2006b）『業界分析　組織の経済学——新制度派経済学の応用』中央経済社。
倉田致知（2003）「HR（Human Resource）部門の生成と展開」『京都学園大学経営学部論集』第13巻第2号。
倉田致知（2004）「アメリカにおけるHR（Human Resource）部門に対する評価——1970年代と1980年代における新たな職能と作業実践の適用の観点からのその理由」『京都学園大学経営学部論集』第14巻第2号。
楠田丘（1989）『職能資格制度——その設計と運用』改訂新版，産業労働調査所。
楠田丘（2004）『賃金とは何か——戦後日本の人事・賃金制度史』中央経済社。
楠田丘監修，斎藤清一著（1991）『職務調査の進め方活用の仕方』経営書院。
経済企画庁（1999）『国民生活白書（平成11年度）』。
経済産業省ホームページ　hppt://www.meti.go.jp/policy/kisoryoku/about.htm（2013年9月6日）。
小池和男（1993）「日本企業と知的熟練」伊丹敬之・加護野忠男・伊藤元重編『リーディングス日本の企業システム　3　人的資源』有斐閣，第2章。
小池和男（1994）『日本の雇用システム——その普遍性と強み』東洋経済新報社。
小池和男（2000）『聞きとりの作法』東洋経済新報社。
小池和男・猪木武徳編著（2002）『ホワイトカラーの人材形成——日米英独の比較』東洋経済新報社。
厚生労働省「雇用動向調査」　http://www.mhlw.go.jp/toukei/list/9-23-1.html
幸田浩文（2010）「わが国企業の賃金・人事処遇制度にみる成果主義の進路」『経営力創成研究』第6号。
木暮至（2004）『現代経営の管理と組織』同文舘出版。

小島茂（1988）『人事部——部門別経営機能強化マニュアル』日本能率協会。
小林康助（2001）『現代労務管理成立史論』同文舘出版。
小山治（2008）「なぜ新規大卒者の採用基準はみえにくくなるのか——事務系総合職の面接に着目して」『年報社会学論集』第 21 巻，pp. 143-154。
坂本和一（1992）「コース／ウィリアムソン型企業組織モデルの検討—— The Theory of the Firm から The Theory of the Enterprise へ」『立命館経済学』第 41 巻第 1 号，pp. 23-63。
佐藤郁哉・山田真茂留（2004）『制度と文化——組織を動かす見えない力』日本経済新聞社。
佐藤博樹・佐藤厚編（2004）『仕事の社会学——変貌する働き方』有斐閣ブックス。
佐藤博樹・藤村博之・八代充史（2011）『新しい人事労務管理』第 4 版，有斐閣アルマ，第 1 章 1 節。
産労総合研究所（2002）「人事機能の変化と人事関連業務の現状に関する調査」『賃金実務』第 910 号。
四方理人（2011）「非正規雇用は「行き止まり」か？——労働市場の規制と正規雇用への移行」『日本労働研究雑誌』No. 608，pp. 88-102。
社会経済生産性本部経営アカデミー（1998a）「人事部再生計画——どうなる人事部・どうする人事部」『平成 10 年度経営アカデミー人事労務コースグループ研究報告書』。
社会経済生産性本部経営アカデミー（1998b）「2001 年の日本型人事部——人事部のエンパワーメント」『平成 10 年度経営アカデミー人事労務コースグループ研究報告書』。
白井泰四郎（1992）『現代日本の労務管理』第 2 版，東洋経済新報社。
白木三秀（1982）「内部労働市場理論の展望——組織論との関連を中心に」『経済学研究年報』第 21 号，pp. 136-153。
新・日本的経営システム等研究プロジェクト編著（1995）『新時代の「日本的経営」——挑戦すべき方向とその具体策　新・日本的経営システム等研究プロジェクト報告』日本経営者団体連盟。
須田敏子（2004）『日本型賃金制度の行方——日英の比較で探る職務・人・市場』慶應義塾大学出版会。
須田敏子（2010）『戦略人事論——競争優位の人材マネジメント』日本経済新聞出版社。
総務省統計局ホームページ　http://www.stat.go.jp/index.htm
高橋潔（2008）「内部・外部労働市場における職業能力評価の役割」『日本労働研究雑誌』No. 577，pp. 4-16。
高橋俊介（2001）『組織改革——創造的破壊の戦略』東洋経済新報社。
武石恵美子（2010）「ワーク・ライフ・バランス実現への課題——国際比較調査からの示唆」『独立行政法人経済産業研究所ディスカッションペーパー』。
竹内一夫（2001）「米国の人事制度の現状［1］-［5］」『労政時報』第 3495 号。
中馬宏之（1998）「『解雇権濫用法理』の経済分析——雇用契約理論の視点から」三輪芳朗・神田秀樹・柳川範之編『会社法の経済学』東京大学出版会。

津田眞澂（1995）『新・人事労務管理』有斐閣。
都留康・阿部正浩・久保克行（2005）『日本企業の人事改革——人事データによる成果主義の検証』東洋経済新報社。
内閣府ホームページ　http://www.cao.go.jp/
中井正郎（1995）「本社人事部の役割」奥林康司編著『変革期の人的資源管理』中央経済社, 第12章。
永野仁（2007）「企業の人材採用の変化」『日本労働研究雑誌』No. 567, pp. 4-14。
中村圭介・石田光男編（2005）『ホワイトカラーの仕事と成果——人事管理のフロンティア』東洋経済新報社。
西川清之（2014）「女性の管理職比率と『日本的雇用慣行』——ダイバーシティ・マネジメントの視点から」『龍谷大学経営論集』第53巻第2号。
日本生産性本部（1963）「企業内における人事労務部門の地位と任務——わが国の実態とそれへの提言」『郵政調査時報』第7巻第4号。
日本生産性本部（1966）「企業内における人事労務部門の地位と任務」『郵政調査時報』第7巻第4号。
日本生産性本部（1986）「人事労務部門の現状と労使関係の将来展望に関する調査」『労政時報』第2785号。
日本労働研究機構編（1992）『大企業の本社人事部』日本労働研究機構。
日本労務研究会（1963）「人事・労務部門の組織と機能」『労務研究』第16巻第4号。
根本孝（2002）「新時代の戦略人事と人事部の役割」『労政時報』第3538号。
間宏（1989）『日本的経営の系譜』文眞堂。
林英夫（2006）『郵送調査法』増補版, 関西大学出版部。
原ひろみ（2005）「新規学卒労働市場の現状」『日本労働研究雑誌』No. 542, pp. 4-17。
原ひろみ（2013）「職業能力開発」『日本労働研究雑誌』No. 633, pp. 22-25。
樋口美雄（2001）『人事経済学』生産性出版。
樋口美雄（2007）「女性の就業継続支援策——法律の効果・経済環境の効果」『三田商学研究』第50巻第5号, pp. 45-66。
久本憲夫（2008）「日本的雇用システムとは何か」仁田道夫・久本憲夫編『日本型雇用システム』ナカニシヤ出版, 序章。
平野光俊（2006）『日本型人事管理——進化型の発生プロセスと機能性』中央経済社。
平野光俊（2010a）「2009年の日本の人事部」『日本労働研究雑誌』No. 606, pp. 62-78。
平野光俊（2010b）「社員格付制度の変容」『日本労働研究雑誌』No. 597, pp. 74-77。
藤村博之（2001）「人事管理機能が弱体化する中で,『本当の意味での変革型人事部への転換』を目指して」『賃金実務』第872号。
藤本雅彦（1999）『人事管理の戦略的再構築——日本企業の再生に向けて』税務経理協会。
三谷直紀（2010）「年功賃金・成果主義・賃金構造」樋口美雄編『バブル／デフレ期の日本経済と経営政策6　労働市場と所得分配』慶應義塾大学出版会, 第7章。

三谷直紀・小塩隆士（2012）「日本の雇用システムと賃金構造」『国民経済雑誌』第206巻第3号，pp. 1–12。

宮本又郎（1995）「日本型企業経営の起源――江戸時代の企業経営」宮本又郎・阿部武司・宇田川勝・沢井実・橘川武郎『日本経営史』有斐閣，第1章。

宮本光晴（2009）「なぜ日本型成果主義は生まれたのか」『日本労働研究雑誌』No. 585, pp. 30–33。

宮本光晴（2011）「日本の雇用と企業統治の行方」櫻井宏二郎・宮本光晴・西岡幸一・田中隆之著『日本経済未踏域へ――「失われた20年」を超えて』創成社，第2章。

宮本光晴（2013）「成果主義と長期雇用のハイブリッドは有効か」『専修経済学論集』第48巻第1号。

守島基博（2002）「日米管理職の「キャリアの幅」比較」小池和男・猪木武徳編著『ホワイトカラーの人材形成――日米英独の比較』東洋経済新報社，第11章。

守島基博編著（2002）『21世紀の"戦略型"人事部』日本労働研究機構。

八代充史（1991）「人事部におけるキャリア形成の実態とその課題」小池和男編『大卒ホワイトカラーの人材開発』東洋経済新報社。

八代充史（1992）「大手企業における本社人事部の組織と機能」『日本労働研究機構紀要』第4号。

八代充史（1995）『大企業ホワイトカラーのキャリア――異動と昇進の実証分析』日本労働研究機構。

八代充史（2002）『管理職層の人的資源管理――労働市場論的アプローチ』有斐閣。

八代充史（2009）『人的資源管理論――理論と制度』中央経済社。

八代充史（2011a）「管理職への選抜・育成から見た日本的雇用慣行」『日本労働研究雑誌』No. 606, pp. 20–29。

八代充史（2011b）「人事労務管理の担い手」佐藤博樹・藤村博之・八代充史『新しい人事労務管理』有斐閣アルマ，第1章第4節。

八代充史・牛島利明・南雲智映・梅崎修・島西智輝編（2015）『新時代の「日本的経営」オーラルヒストリー――雇用多様化論の起源』慶應義塾大学出版会。

八代尚宏（1997）『日本的雇用慣行の経済学』日本経済新聞社。

八代尚宏（1998）『人事部はもういらない』講談社。

八代尚宏（1999）『雇用改革の時代――働き方はどう変わるか』中公新書。

八代尚宏（2015）『日本的雇用慣行を打ち破れ――働き方改革の進め方』日本経済新聞出版社。

安田均（2007）「富士通新人事制度における成果主義と能力主義」『山形大学紀要（社会科学編）』第37巻第2号。

柳川範之（2000）『契約と組織の経済学』東洋経済新報社。

山内麻理（2013）『雇用システムの多様化と国際的収斂――グローバル化への変容プロセス』慶應義塾大学出版会。

山下充（2008）「人事部」仁田道夫・久本憲夫編『日本型雇用システム』ナカニシヤ出版，第6章.
山田保（1980）『日本的経営の経済学――近代経済学への挑戦』中央経済社.
山本勲（2011）「非正規労働者の希望と現実――不本意型非正規雇用の実態」独立行政法人経済産業研究所，ディスカッション・ペーパー.
山本勲（2014）「上場企業における女性活用状況と企業業績との関係――企業パネルデータを用いた検証」独立行政法人経済産業研究所，ディスカッション・ペーパー.
リクルートワークス研究所（2014）「第31回 ワークス大卒求人倍率調査（2015年卒）」リクルートホールディングス.
労働政策研究・研修機構（2011）「日本的雇用システムは変ったか？――受け手と担い手の観点から」『日本労働研究雑誌』No. 606, pp. 2-5.
労務行政研究所（2000）「人事課長アンケート（今後の人事管理諸制度等の動向について）」『労政時報』第3427号.
労務行政研究所（2002）「参天製薬」『労政時報』第3558号.
労務行政研究所（2004）「三菱電機」『労政時報』第3637号.
労務行政研究所（2005）「NEC」『労政時報』第3657号.
労務行政研究所（2010）「役職別昇進年齢の実態と昇進スピード変化の動向」『労政時報』第3771号.

［英語文献］

Abegglen, J. C. (1958) *The Japanese Factory: Aspects of its Social Organization*, Free Press.（山岡洋一訳（2004）『日本の経営 新訳版』日本経済新聞社）
Barney, J. B. and Wright, P. M. (1997) *On Becoming a Strategic Partner: The Role of Human Resources in Gaining Competitive Advantage*, CAHRS Working paper, pp. 97-99.
Becker, E. B., Huselid, A. M. and Ulrich, D. (2001) *The HR Scorecard: Linking People Strategy, and Performance*, Harvard Business School Press.
Becker, Gary, S. (1975) *Human Capital*, The University of Chicago Press.（佐野陽子訳（1976）『人的資本――教育を中心とした理論的・経験的分析』東洋経済新報社）
Beer, M., Spector, B., Lawrence, R. P., Mills, Q. D. and Walton, E. R. (1984) *Managin Human Assets*, The Free Press.（梅津祐良・水谷栄二訳（1990）『ハーバードで教える人材戦略』日本生産性本部）
Brewster, C. and Larsen, H. H. (2000) *Human Resource Management in Northern Europe: Trends, Dilemmas and Strategy*, Blackwell.
Cappelli, P. (1999) *The New Deal at Work*, Harvard College.（若山由美訳（2001）『雇用の未来』日本経済新聞社）

Christensen, R. (2006) *Roadmap to Strategic HR: Turning a Great Idea into a Business Reality*, American Management Association.

Cunningham, I. and Hyman, J. (1999) "Devolving Human Resource Responsibilities to the Line: Beginning of the End or a New Beginning for Personnel?", *Personnel Review*, Vol. 28, No. 1-2, pp. 9-27.

Currie, G. and Procter, S. (2001) "Exploring the Relationship between HR and Middle Managers", *Human Resource Management Journal*, Vol. 11, No. 1, pp. 53-69.

Daft, L. R. (2001) *Essentials of Organization Theory & Design*, South Western College.（髙木晴夫訳（2002）『組織の経営学——戦略と意思決定を支える』ダイヤモンド社）

Dirk B. and Ans D. V. (2001) "Perceptions of the Value of the HR Function", *Human Resource Management Journal*, Vol. 11, No. 3, pp. 70-89.

Doeringer, B. P. and Piore, J. M. (1985) *Internal Labor Markets and Manpower Analysis: With a New Introduction*, M. E. Sharpe.（白木三秀監訳（2007）『内部労働市場とマンパワー分析』早稲田大学出版部）

Faoulks, K. F. (1980) *Personnel Policies in Large Nonunion Companies*, Prentice Hall.

Hall, L. and Torrington, D. (1998) "Letting go or Holding on - the Devolution of Operational Personnel Activities", *Human Resource Management Journal*, Vol. 8, No. 1, pp. 41-55.

Hutchinson, S. and Purcell, J. (2003) *Bringing Policies to Life: The Vital Role of Front Line Managers in People Management, Executive Briefing*, Chartered Institute of Personnel and Development.

Hutchinson, S. and Wood, S. (1995) The UK Experience, *Personnel and the Line: Developing the New Relationship*, IPD.

Hyman, J. (1999) "Devolving Human Resource Responsibilities to the Line: Beginning of the End or a New Beginning for Personnel?", *Personnel Review*, Vol. 28, No. 1-2, p. 9.

Jacoby, S. M. (2005) *The Embedded Corporation-Corporate Governance and Employment Relations in Japan and the United States*, Princeton University Press.（鈴木良始・伊藤健市・堀龍二訳（2005）『日本の人事部・アメリカの人事部——日米企業のコーポレート・ガバナンスと雇用関係』東洋経済新聞社）

Kleiman, L. S. (2000) *Human Resource Management - A Managerial Tool for Competitive Advantage*, 2nd ed., South Western Colledge Publishing.

Kochan, A. T. and Cappelli, P. (1984) "The Transformation of the Industrial Relations and Personnel Function", in Osterman, P. (Ed.), *Internal Labor Markets*, The MIT Press.

Kulik, C. and Bainbridge, H. (2005) "HR and the Line: The Distribution of HR Activities in Australian Organisations", *Asia-Pacific Journal of Human Resources*, Vol. 44, No. 2, pp. 240-256.

Lazear, E. P. (1998) Personnel Economics for Managers, John Wiley & Sons.（樋口美雄・清家篤訳（1998）『人事と組織の経済学』日本経済新聞社）

Lowe, J. (1992) "Locating the Line: The Front-line Supervisor and HRM", in Blyton, P. and Turnbull, P. (Eds.), *Reassessing Human Resource Management*, Sage Publications.

Lynch, D. (2004) "Line Managers and their Management of Human Resources: Evidence from the Retail Industrory", Working Paper, No. 41, Kent Business School.

Mangione, T. W. (1995) *Mail Surveys: Improving the Quality*, Sage Publications. (林英夫監訳 (1999)『郵送調査法の実際——調査における品質管理のノウハウ』同友館)

McClelland, D. C. (1961) *The Achieving Society*, Van Nostrand Reinhold.

McGovern, P., Gratton, L. and Hope-Hailey, V. (1997) "Human Resource Management on the Line?", *Human Resource Management Journal*, Vol. 7, No. 4, pp. 12–29.

Milgrom, P. and Roberts, J. (1992) *Economics, Organization & Management*, Prentice Hall. (奥野正寛・伊藤秀史・今井晴雄・西村理・八木甫訳 (1997)『組織の経済学』NTT出版)

Morhman, S. A. and Lawler, E. E. (1999) "The New Human Resources Management: Creating the Strategic Business Partnership", in Schuller, R. S. and Jackson, S. E. (Eds.), *Strategic Human Resource Management*, pp. 433–447.

O'Relly, C. A. and Pfeffer, J. (2000) *Hidden Value: How Great Companies Achieve Extraordinary Results with Ordinary People*, Harvard College. (廣田里子・有賀裕子訳 (2002)『隠れた人材価値——高業績を続ける組織の秘密』翔泳社)

Osterman, P. (1994) "How Common Is Workplace Transformation and Who Adopt It?", *Industrial and Labor Relations Review*, Vol. 47, No. 2.

Ouchi, W. G. (1981) *Theory Z - How American Business can Meet the Japanese Challenges*, Wesley Publishing Company. (徳山二郎監訳 (1981)『セオリーZ——日本に学び、日本を超える』CBS・ソニー出版)

Pfeffer, J. (1998) *The Human Equation*, Harvard College. (佐藤洋一監訳 (1998)『人材を活かす企業』トッパン)

Renwick, D. (2000) "HR-line Work Relations: A Review, Pilot Case and Research Agenda", *Employee Relations*, Vol. 22, No. 2, pp. 179–205.

Renwick, D. (2002) "Line Manager Involvement in HRM: An Inside View", *Employee Relations*, Vol. 25, No. 3, pp. 262–280.

Sanders, K., Cogin, J. A. and Bainbridge, H. T. J. (2014) *Research Methods for Human Resource Management*, Routledge.

Schuler, R. S. (1990) "Repositioning the Human Resource Function: Transformation or Demise?", *Academy of Management Executive*, Vol. 4, No. 3, pp. 49–60.

Scot, W. R. (2008) *Institutions and Organizations - Ideas and Interests*, Sage Publications.

Simon, H. A. (1961) *Administrative Behavior: A Study of Decision-Making Processes in Administrative Organnization*, 2nd ed., Macmillan. (松田武彦・高柳暁・二村敏子訳 (1965)『経営行動』ダイヤモンド社)

Sisson, K. and Storey, J. (2000) *The Realities of Human Resource Management*, Open University

Press.
Strauss, A. and Corbin, J.（1990）*Basics of Qualitative Research: Techniques and Procedures for Developing Grounded Theory*, 2nd ed. Sage Publications.（操華子・森岡崇訳（2004）『質的研究の基礎――グラウンデッド・セオリー開発の技法と手順』医学書院）
Storey, J.（2001）"Human Resource Management Today: An Assessment", Storey, J.（Ed.）, *Human Resource Management: A Critical Text*, Thomson, pp. 3–20.
Tichy, N. M., Fombrun, C. J. and Devanna, M. A.（1982）"Strategic Human Resource Management", *Sloan Management Review*, Vol. 23, No. 2, pp. 47–61.
Ulrich, D. and Brockbank, W.（2005）*The HR Value Proposition*, Harvard Business School Press.
Ulrich, D., Allen, J., Brockbank, W., Younger, J. and Nyman, M.（2009）*HR Transformation: Building Human Resources from the Outside In*, RBL Institute.
Vroom, V. H.（1964）, *Work and Motivation*, Wiley.
Whittaker, S. and Marchington, M.（2003）"Develving HR Responsibility to the Line: Threat, Opportunity or Partnership?", *Employee Relation*, Vol. 25, No. 3, pp. 245–261.
Williamson, O. E.（1975）, *Markets and Hierarchies: Analysis and Antitrust Implocations - A Study in the Economics of Internal Organization*, Free Press.（浅沼萬里・岩崎晃訳（1980）『市場と企業組織』日本評論社）
Williamson, O. E.（1986）, *Economic Organization*, Wheatsheaf Books.（井上薫・中田善啓監訳（1989）『エコノミックオーガニゼーション――取引コストパラダイムの展開』晃洋書房）
Williamson, O. E.（1995）, *Organization Theory: From Chester Barnard to the Present and Beyond*, Oxford University Press.
Williamson, O. E.（1996）, *The Mechanisms of Governance*, Oxford University Press.
Wright, P. M., McMahan, G. C., McCormick, B. and Sherman, W. S.（1997）"Strategy, Core Competence and HR Involvement as Determinants of HR Effectiveness and Refinery Performance", CAHRS Working Paper, #97–16.
Yin, R. K.（1994）*Case Study Research*, 2nd ed., Sage Publications.

索　引

〈事　項〉

あ行

甘辛調整　88
アングロサクソン的雇用慣行　10, 11, 13, 17, 18, 27, 32, 39, 40, 55, 101, 103, 130, 140, 141, 143, 170, 172, 173
暗黙的情報　42
維持の効率性　25, 31
異常な問題への対処　5
1次面接　79, 80
M字カーブ　161
エンプロイーセルフサービス　91
遅い昇進　4-6
思惑の不一致　12
親方内部請負制　21

か行

解雇権濫用法理　4, 5
外資系企業　171-173
科学的管理法　22
駆け引き（行動）　10, 36, 37, 44, 48, 49, 53, 106, 127, 144, 146
家族主義　6
家族制度　4
下方硬直性　74
管轄争い　9-11, 13, 15, 20, 25, 27, 29, 30, 32, 33, 35, 37, 38, 46, 139, 140, 143, 146, 159, 174
機会主義的　29, 32, 35, 38, 41, 43, 46, 153, 166
聞き取り調査のプロトコル表　70
企業社会　4
企業組織の長　4
企業統合　129

企業特殊技能　4, 5
企業内育成システム　21
企業内教育訓練　3, 4, 23
企業内熟練形成　21
企業労働組合　4
期待理論　37
基盤スキル　41, 43-46, 48, 49, 127, 143, 149, 150
規模の経済性　25, 26, 31
QWL（Quality of Work Life）活動　24
協働作業　9, 25
共同生活体　6
グローバル人材　81
経営トップの決断　172
経済合理性　4-6, 32, 35
限定合理性　32, 35, 38, 43, 46
権力欲求　37
コア人材　27, 36
後継者育成　170
効率的協業　36
コスト削減　28
個別人事への関与　26
個別的（分権的）アプローチ　6
雇用形態の多様化　159
雇用システム　1
雇用社会　4
雇用柔軟型グループ　156
雇用部　22
雇用ポートフォリオ　156, 157
コンピテンシー　72, 89, 92, 94, 95, 96, 163

さ行

採用（活動）　3, 7, 47, 68, 78, 97, 130, 135, 175
採用慣行　16, 148
採用面接への関与　26
産労総合研究所　159
自己申告シート　111
仕事管理　10
仕事基準　45, 46, 52, 101, 127, 152, 158
仕事情報　42, 48, 49
資産特殊性　38, 40
市場の圧力　24
市場ベース　27
質問調査票　106
社員格付け制度　2, 6, 8, 18, 31, 50, 68, 71, 97, 151, 152
社内公平性　159
社内公募制度　84, 85, 165, 175
従業員意識調査　24
従業員関係　24
従業員の高齢化　71
従業員の事業間流動性の程度　40
終身雇用　4, 5, 19
集積のメリット　26
集団主義　6
集団による意思決定　5
「主と副型」　8
昇給　92, 98, 132
昇進・昇格　8, 25, 93, 99, 132
情報の非対称性　44, 48, 49
職種別採用　27, 147
職能　6-8, 151
　──給　17
　──資格制度　2, 6, 8, 44, 45, 50, 52, 72, 73, 889, 101, 142, 151, 164
　──内のローテーション　42
　──を超える配置転換　41, 82, 84, 85, 98, 106, 128, 130, 161
職場見学　150
職務
　──記述書　22

　──給　17
　──主義　18
　──遂行能力　8, 45, 151
　──等級制度　27, 45, 101, 130, 131
　──内容と処遇の不均衡　71
　──分析　22
　──ベース　26, 39
女性の活用　147, 160-162
女性の就業率　161
ジョブファミリー　6
ジョブレベル　78
事例調査　26, 52, 55, 129, 135, 140, 142, 143
人員数管理　173
新規学卒者　80, 111, 128
　──一括採用　2, 4, 6, 7, 25, 41, 43, 47, 50, 78-81, 84, 97, 101, 106, 143, 145, 148, 149
新古典派経済学　36
人材の抱え込み　35, 152, 162
人事委員会　88
人事異動　3, 25, 26, 44, 48, 68, 82, 98, 131, 132, 135, 136, 175
人事権　38, 82, 86, 131, 148, 150, 151, 153-155, 158, 162, 165, 167, 170, 176
人事考課　82, 87, 90, 98, 131, 136, 168
　1次考課　90
　2次考課　90
　──表　82, 88
　──・昇給・昇格　45, 49, 68, 87, 98
人事情報　8, 98, 111, 120, 131, 133, 134, 136, 144, 164, 170
　──収集（探索）　26, 143
　──の粘着性に関わる費用　35, 36
　──の非対称性に関わる費用　35
人事部　2, 3, 7-10, 20-24, 26, 28, 29, 35, 37, 38, 47, 49, 78-85, 87, 88, 90, 92-96, 99, 102, 105, 109, 118, 127, 135, 139-142, 144, 150, 155, 158, 162, 165, 170, 172
　──員数　159

——介入型　47, 142, 174
　　——権限集中型（＝人事部集権・人事部集中）　10–13, 20, 25, 27, 30, 32, 38, 39, 43, 46–51, 101, 128, 140, 142, 143, 145, 146, 152, 153, 155, 159, 163, 167, 171, 173
　　——とライン間の情報の偏在性（非対称性）　36, 41
　　——とラインの駆け引き行動 → 駆け引き（行動）
　　——の組織化原理　15, 24, 31
　　——の誕生　20
　　——の特徴　47
　　——の役割　11, 23, 24
人的資源管理（制度）　2, 3, 7, 9, 11, 15, 16, 20, 26, 38, 39, 52, 68, 151
　　日本型——　18
　　——の実施主体　116
　　——の重要性　15
　　——の多様化　20
　　——の補完性　3
人的資本　4
ストックベース　26
成果主義　1, 16, 17, 134
　　——人事制度　2
　　日本型——　17
正規　1, 15, 30, 40, 85, 152, 159–162, 168
制度運用　25, 31
政府による規制　24
整理解雇　5
Ｚタイプ組織　5
説明変数　106, 108
セルフサービス　28
専門的スキル　41, 43–46, 48, 49, 79, 127, 141, 143, 149, 166
戦略的人的資源管理理論　11
総額人件費の抑制　71
早期選抜プログラム　85
双対理論　25
ゾーン別昇給　17

組織
　　——志向型システム　19
　　——設計論　36
　　——全体の調整　26
　　——的（集中的）アプローチ　6
　　——の独立性　40
　　——ベース　26
そろそろ感　93, 94

た行

退出マネジメント　173
退職　3
ダイバーシティマネジメント　160
タレントマネジメント　86, 165, 167, 168, 170
　　——プログラム　165, 175
中途採用　41, 78–81, 97, 106, 111, 148, 149, 176
長期雇用　1, 2, 4, 6–8, 17, 20, 50, 145, 151–153, 162, 164, 176
長期の人材育成　4
長時間労働　161–164
調整　38
賃金制度　2, 3, 8, 16, 17, 31, 151
手続きの効率性　25, 31
転勤　154, 161
動機づけ理論　37
トーナメント方式　162
特定ポスト　93
取引コスト　38, 41, 43, 44, 46, 47, 49, 103, 141, 142, 153, 155, 158, 174, 175
　　——理論　37, 53, 140
取引主体の少数制　38

な行

内部公平感　8, 151
内部昇格　93–95, 132
内部人材育成　2
内部組織　36
　　——の経済学　37, 38, 140
内部労働市場　17, 38

ナショナル・キャッシュ・レジスター社　21
2次面接　79, 80
日本経済団体連合会　156
日本生産性本部　23
日本的雇用慣行　1–20, 25, 27, 30, 38–40, 43, 50–52, 55, 70, 101, 103, 128, 130, 139–141, 143–148, 152, 153, 161–164, 167, 172, 173
　──改革論　147
日本労働研究機構　25
人間関係　3
年功主義　5, 8
年功賃金　4–6, 17, 161
年次管理　4, 6, 7, 45, 50, 86
粘着性の高い情報　36, 41, 53
能力主義　18

は行

配置　3
ハイヤリング・フリーズ　163
幅広いローテーション　2
バンド　75
BFグッドリッジ社　21
比較制度分析　6
ビジネスパートナー　11
非正規　1, 147, 150, 155, 157, 158, 160, 166, 176
被説明変数　106, 108
非直線的な昇進コース　5
必要最低年数　8, 151
人基準　17, 45, 46, 52, 101, 127, 128, 143, 144, 152, 176
人ベース　26, 39
評価　68, 175
　──制度　16, 17
　──分布ガイドライン　87, 91, 98
標準年数　8, 151
ファーストラインマネージャー　86
フォード・モーター社　22
不確実性　38

部下を持つ管理職　4
福利厚生　3
　──係・部　21, 22
ブロードバンド　17, 173
フローベース　27
文化的特殊性　5
変化への対応　5
補完性　9, 10, 20
ポジティブ・アクション　162
ポテンシャル採用　47
ホワイティング・マシン・ワークス社　21
本意型　158
本社人事部　3

ま行

マネージャーセルフサービス　91
目標管理（設定）シート　87, 91, 134

や行

役割給　17, 152
役割主義　18
役割定義書　72
役割等級制度　17, 18, 45, 46, 71, 72, 74, 145, 151–153, 155, 160, 161, 164, 165, 167, 174–176
「やや幅広い1職能型」　8
郵送質問紙調査　52, 53, 105, 108, 121, 127, 141, 143, 144

ら行

ライン　3, 9, 10, 20, 26–29, 35–37, 47–49, 78, 80–96, 102, 106, 121, 127, 135–144, 158, 163–165, 168–170
　──介入型　47, 142, 175, 176
　──の不満　29
　──分権型　10–13, 27, 30, 39, 43, 46–50, 137, 140, 142, 143, 153, 158, 171, 173, 174
利害の不一致　9
リクルーター　79

リクルートワークス研究所　148, 149
労使関係　3, 23
労働意志の管理　23
労働組合　2, 22, 24
労働時間　3
労働政策研究・研修機構　1, 2
労働部　22
労働力管理　23
労働力不足　24
労務行政研究所　161
労務部　21

わ行

ワークライフバランス　147, 154, 155

Alphabet

long list　84
replication logic　56
short list　84
The Global Gender Gap Report　160

〈人　名〉

あ行

青木昌彦　6, 50
阿部正浩　6
アベグレン（Abegglen, J. C.）　4
荒井一博　19
石田光男　9, 17, 18, 140, 151
伊丹敬之　37
猪木武徳　8, 41
今井賢一　36
今井斉　21
今野浩一郎　23
岩出博　21
ウィッテイカー（Whittaker, S.）　28
ウィリアムソン（Williamson, O. E.）　32, 37, 38
占部都美　5
江夏幾多郎　27
大竹文雄　5
奥西好夫　16
オスターマン（Osterman, P.）　31
オルコット，ジョージ　19

か行

加護野忠男　37
カペリ（Cappelli, P.）　22, 24
川口章　161, 162
楠田丘　6
久保克行　6
小池和男　5, 8, 41, 52, 140

さ行

佐藤厚　4, 19
佐藤博樹　4, 19

さ行 (cont.)

サンダース（Sanders, K.）　53, 105, 141
四方理人　158
ジャコービィ（Jacoby, S. M.）　24, 30-32
白井泰四郎　21
須田敏子　10, 26, 30, 31, 39, 51, 52, 140, 145

た行

ダフト（Daft, L. R.）　36
中馬宏之　4
津田眞澂　6
都留康　6
テイラー（Tayler, F.）　22
ドーリンジャー（Doeringer, B. P.）　36

な行

中井正郎　23, 26
永野仁　16, 148
中村圭介　9, 140
西川清之　161
西谷公孝　162

は行

パーセル（Purcell, J.）　27
林英夫　53, 105, 140
原ひろみ　16, 148
ピオレ（Piore, J. M.）　36
樋口美雄　4, 25, 29
久本憲夫　1, 15
ヒッペル（von Hippel, E.）　42
平野光俊　3, 9, 17, 18, 27, 31, 32, 35, 151, 167
藤川恵子　5

藤本雅彦　　3, 25

ま行
マーチントン（Marchington, M.）　28
マクレランド（McClelland, D. C.）　37
マンジョーニ（Mangione, T. W.）　53, 105, 140
三谷直紀　17
宮本又郎　20
宮本光晴　2, 17
モーハン（Morhman, S. A.）　29
守島基博　25

や行
八代充史　6, 26, 31, 50, 56, 156
八代尚宏　4, 9, 27, 163
山内麻理　10, 19
山下充　23, 159
山田保　5
山本勲　158, 160
ユッチンソン（Hutchinson, S.）　27

ら行
リンチ（Lynch, D.）　29
レンウィック（Renwick, D.）　9, 24, 28, 29, 33

ローラー（Lawler, E. E.）　29

Alphabet
Bainbridge, H.　27, 28
Brewster, C.　27, 28
Brockbank, W.　11, 25
Cunningham, I.　29
Currie, G.　27, 33
Faoulks, K. F.　24
Hall, L.　29
Hyman, J.　28, 29
Kochan, A.　24
Kulik, C.　27, 28
Larsen, H. H.　27, 28
Lowe, J.　28, 29
Marchington, M.　28
McGovern, P.　29
Ouchi, W. G.　5
Procter, S.　27, 33
Simon, H. A.　32
Sisson, K.　29
Storey, J.　27, 29
Torrington, D.　29
Ulrich, D.　11, 25
Wood, S.　27
Yin, R. K.　56

一守　靖（いちもり　やすし）

慶應義塾大学産業研究所共同研究員，法政大学経営大学院イノベーション・マネジメント研究科兼任講師（2016年4月1日より）。
慶應義塾大学大学院経営管理研究科修士課程修了，同大学大学院商学研究科後期博士課程単位取得退学。国内上場企業のほか，日本ヒューレット・パッカード，シンジェンタジャパン，ティファニー・アンド・カンパニー・ジャパンに勤務。2007年〜2010年青山学院大学大学院国際マネジメント研究科講師，2011年富山大学経済学部講師，2011年〜2015年専修大学大学院KSソーシャルビジネスアカデミー講師，2009年〜慶應義塾大学産業研究所共同研究員，2009年〜日本生産性本部経営アカデミー人材マネジメントコース講師。
主要業績に，『ベンチャリングの組織論』（共著，PHP研究所，2002年），「人事労務管理における人事部門とラインの役割分担——日本の大企業に対する郵送質問紙調査を中心に」『三田商学研究』第53巻第6号（2011年）など。

慶應義塾大学産業研究所叢書
日本的雇用慣行は変化しているのか
——本社人事部の役割

2016年3月30日　初版第1刷発行

著　者————一守　靖
発行者————古屋正博
発行所————慶應義塾大学出版会株式会社
　　　　　　〒108-8346　東京都港区三田2-19-30
　　　　　　TEL 〔編集部〕03-3451-0931
　　　　　　　　〔営業部〕03-3451-3584〈ご注文〉
　　　　　　　　〔　〃　〕03-3451-6926
　　　　　　FAX 〔営業部〕03-3451-3122
　　　　　　振替　00190-8-155497
　　　　　　http://www.keio-up.co.jp/
装　丁————タックス・後藤トシノブ
印刷・製本——中央精版印刷株式会社
カバー印刷——株式会社太平印刷社

Ⓒ2016　Yasushi Ichimori
Printed in Japan　ISBN978-4-7664-2321-1

慶應義塾大学出版会

慶應義塾大学産業研究所叢書
雇用システムの多様化と国際的収斂
―グローバル化への変容プロセス

山内麻理著 「日本型」雇用システムを長期的な動態過程のなかで捉え直し、グローバル化によって変貌する「日本的経営」の未来像を映し出す。第 36 回労働関係図書優秀賞、2014 年度日本労務学会賞（学術賞）受賞。　　◎4,800 円

日本型賃金制度の行方
―日英の比較で探る職務・人・市場

須田敏子著　豊富なケーススタディを基に「人・組織・ストックベース賃金」から「職務・市場・フローベース賃金」へと向かう日本型賃金制度の変容を追い、「機能する制度」の設計方法を提示する。HRM 担当者におすすめの一冊。　◎4,000 円

慶應義塾大学産業研究所選書　戦後労働史研究
『新時代の「日本的経営」』オーラルヒストリー
―雇用多様化論の起源

八代充史・牛島利明・南雲智映・梅崎修・島西智輝編　「雇用ポートフォリオ」はなぜ生まれたのか？　雇用流動化の契機とされてきた日経連報告書『新時代の「日本的経営」』について当事者が語る初めての単行本。雇用政策研究に必携。　◎4,600 円

慶應義塾大学産業研究所選書　戦後労働史研究
能力主義管理研究会オーラルヒストリー
―日本的人事管理の基盤形成

八代充史・梅崎修・島西智輝・南雲智映・牛島利明編　日本の人事労務管理制度に多大な影響を与えた『能力主義管理―その理論と実践』（日経連能力主義管理研究会編、1969 年）刊行に至った過程について研究会メンバーにインタビューを行い、その歴史的証言をまとめた。　　◎3,800 円

表示価格は刊行時の本体価格（税別）です。